U0601172

普通高校奥运特色项目系列教材

乒乓球

◎ 主　　编　叶亚金　恽　冰

◎ 副主编　陈　烽　陈　涛　黄小玲　虞松坤

◎ 参编人员　陈志强　纽力书

ZHEJIANG UNIVERSITY PRESS
浙江大学出版社

图书在版编目（CIP）数据

乒乓球 / 叶亚金，恽冰主编. —杭州：浙江大学
出版社，2020.12（2023.8 重印）
ISBN 978-7-308-20574-0

Ⅰ.①乒… Ⅱ.①叶… ②恽… Ⅲ.①乒乓球运动—
高等学校—教材 Ⅳ.①G846

中国版本图书馆 CIP 数据核字（2020）第 170359 号

乒乓球

叶亚金　恽　冰　主编

责任编辑	葛　娟	
责任校对	高士吟　张培洁	
封面设计	周　灵	
出版发行	浙江大学出版社	
	（杭州市天目山路 148 号　邮政编码 310007）	
	（网址：http://www.zjupress.com）	
排　版	杭州青翊图文设计有限公司	
印　刷	杭州钱江彩色印务有限公司	
开　本	787mm×960mm　1/16	
印　张	15.5	
字　数	336 千	
版印次	2020 年 12 月第 1 版　2023 年 8 月第 3 次印刷	
书　号	ISBN 978-7-308-20574-0	
定　价	45.00 元	

普通高校奥运特色项目系列教材
学术顾问委员会

卢 芬 浙江大学公共体育与艺术部工会主席
董育平 浙江大学公共体育与艺术部文化信息建设中心主任
施晋江 浙江大学公共体育与艺术部场馆器材服务中心主任
潘德运 浙江大学公共体育与艺术部竞赛训练管理中心主任
张 锐 浙江大学公共体育与艺术部公共体育教育中心副主任
吴 剑 浙江大学公共体育与艺术部竞赛训练管理中心副主任
虞松坤 浙江大学公共体育与艺术部场馆器材服务中心副主任
鲁 茜 浙江大学公共体育与艺术部体育艺术研究中心副主任
金鸥贤 浙江大学公共体育与艺术部教育教学管理科科长
叶茵茵 浙江大学公共体育与艺术部综合办公室副主任(主持工作)
袁华瑾 浙江大学公共体育与艺术部文化信息建设中心副主任

普通高校奥运特色项目系列教材
编 委 会

（以姓氏笔画为序）

序
PREFACE

　　高等学校体育是整个国民体育的重要基础,是我国体育工作的重点内容。21世纪高等教育强调"健康第一"、学生全面发展,把教育改革提高到一个新的高度。《国家中长期教育改革和发展规划纲要(2010—2020年)》指出我国教育改革发展要贯彻优先发展、育人为本、改革创新、促进公平、提高质量的方针。随着社会发展和人的需求的变化,高校的社会功能被不断深化,体育的育人功能日益突显,目前"办特色学校,创教育品牌"已成为我国众多教育工作者的共识。时代在变,学生的兴趣爱好也在变,丰富高校体育课程资源,开拓学生喜闻乐见的体育项目是高校体育教育工作者的重要工作。

　　浙江大学根据公共体育教学精品化的发展目标,"关注教育质量的提升,着眼教育内涵的发展"。学校对学生的培养目标是轻竞技,重参与,以大众参与为手段,丰富体育课程资源,满足体育锻炼需要,促进锻炼习惯养成。因而,公共体育教育中心在开设课程的形式方面也做了较大幅度的改革,进行分层次教学,注重知识、技术、技能的层次特点,为学生从事终身体育打下坚实基础。浙江大学公共体育教育以奥运与非奥运项目为主体,以传承与创新为根本,形成内容丰富多彩、形式活泼多样、学生积极参与的校园体育文化氛围。

　　这套奥运项目系列教材包括《篮球与三人制篮球》《排球、气排球与沙排》《足球》《乒乓球》《羽毛球》《网球》《游泳》《跆拳道》《高尔夫球》《健身运动》等。教材面向普通本科生、研究生,结合健康教育理念,摆脱传统平铺直叙的编写模式,形成师生互动关系,增加启发性和趣味性,培养和调动学生主动学习的兴趣和积极性。本系列教材既可作为体育课教学使用教材,也可作为学生课外自行锻炼的参考书。

浙江大学副校长

前 言
◆FOREWORD

　　乒乓球具有中国"国球"之称,是国人喜爱的大众运动项目之一。这项运动不仅能有效提高反应速度,改善协调性,增强体质,还能陶冶情操,培养团队合作精神,增进抗挫能力,提高拼搏精神,改善心理素质。乒乓球既集健身、竞技和娱乐于一体,又是技、战术完美结合的典型性运动。

　　在当前教育、教学改革的大背景下,高校体育课程中更多融入"课程思政"和"三全育人"的教育理念,明确为谁育人,注重学生的综合能力培养,充分发挥学生的个性和创造力。目前,高校乒乓球课程已经成为大学生最喜爱的体育课程之一。本教材在编写中以素质教育、健康教育、能力培养、意志品质培养和良好的社会适应能力培养为指导思想,让学生扎实地学到乒乓球理论知识与实践技巧,提高乒乓球运动的技、战术水平,学会竞争与合作、共处与避让、成功与失败的辩证关系,增强适应能力。教材内容力求简明扼要,深入浅出,动作要领详细叙述,练习方法易学易懂,结合图解的方式让学生能够更直观性地理解;常见错误及纠正方法使技术动作更具参照性;每一章的"知识拓展",拓宽了学生的知识面。教材充分考虑学生的不同基础和不同需求,采取初、中、高分级编写方法。三级水平的划分原则:初级入门为无需乒乓球基础的学生;中级入门要求具有一定乒乓球基础的学生;高级入门则要求具有较高乒乓球技术水平的学生。

　　本教材中乒乓球技术动作的视图由郑嘉(女)和赵伟森(男)演示。在编写过程中,浙江大学陈志强教授和暨南大学纽力书教授对本书内容提出了宝贵意见,在此表示感谢!由于时间和编者水平有限,不妥之处,敬请读者批评指正。

叶亚金
2020 年 9 月

目 录
◆ CONTENTS

第一章　乒乓球运动概述

应知导航

乒乓球是我国的"国球",是中国体育在世界上称雄最早、夺魁最多、保持优势最久、影响最大的一项运动,充分展示了中华民族的智慧和风采。乒乓球极富对抗性,节奏极快,是一项以敏捷为核心要素的运动,它最能对人的生理、心理与智力同时做出综合的考验。本章主要介绍乒乓球运动的起源与发展、世界大赛、乒乓球组织机构及宗旨。通过学习本章,学生可了解历史,对"国球"这项运动有更深的理解。

第一节　乒乓球运动的发展与演变

一、乒乓球运动的起源

乒乓球运动创始于英国,由网球运动派生而来。19 世纪末,英国的一些大学生以餐桌为球台,书本为球网,用软木或橡胶做球,球拍是空心的,用羊皮纸贴成,形状为长柄椭圆形。他们模仿网球的一些打法,在餐桌上打来打去。当时没有统一的场地器材,没有严格的规则,由于这种游戏像在桌上打网球,故称其为"桌上网球"(table tennis)。很快,这项餐桌上的游戏就流传到欧洲许多国家,并逐渐演变发展为乒乓球运动(图 1-1 为早期的球拍)。

1890 年,英国著名越野跑运动员詹姆斯·吉布(James Gibb)到美国旅行时,发现美国人发明的赛璐珞空心球弹力较强,就带回英国并稍加改进后使用,逐步在英国和世界各地推广开来。由于赛璐珞空心球在桌子上打来打去会发出"乒""乓"的声音,这项运动又被称为"乒乓球"(ping-pong)。英国的一家体育用品公司首先用"ping-pong"一词在广告上做宣传,乒乓球从此得名并传播开来。

1900 年,英国成立了乒乓球协会,并在皇后大厅举办了英国乒乓球比赛,开创了乒乓

1

乒乓球

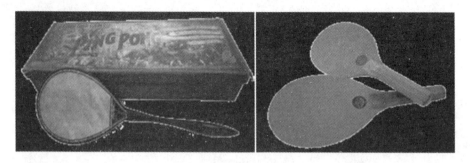

图 1-1　早期乒乓球拍,曾用过羊皮(左图)、软木(右图)等各式材质

球正式比赛的先河。

1902 年,英国人古德(Goodea)发明了颗粒胶皮拍。同年,在英国游学的日本东京高等师范学校教授坪井玄道将乒乓球运动传入日本。

1904 年,上海四马路上一家文具店的经理王道平,从日本买了 10 套乒乓球器材摆在店中(包括球台、球网、球及带网眼的球拍)。为了推销这批器材,王道平不仅向人们介绍了在日本看到的打乒乓球的情况,而且亲自表演。从此,乒乓球在中国传开。

1905—1910 年,乒乓球运动又传至中欧的维也纳和布达佩斯,之后,又逐渐扩展到北非的埃及等地。

由于第一次世界大战的爆发,在欧洲原已开展得较好的乒乓球运动停滞了一段时期。20 世纪 20 年代后,在蒙塔古等人的推动下,一度被冷落的乒乓球运动又重新在英国活跃起来,他们组织了一些由各地选手参加的全英乒乓球比赛。1926 年早已成立的英国乒乓球(ping-pong)协会发现"ping-pong"一词已被商业注册,而且该协会也缺乏代表性,因此解散了原组织,重新成立了乒乓球(table tennis)协会并做了商业注册。自此,"乒乓球(table tennis)"一词一直沿用至今,国际乒联也采用这一名称。汉语的乒乓球因打球的声音得名。

二、世界乒乓球锦标赛的诞生及发展

第一次世界大战后,欧洲许多国家先后成立了乒乓球协会,各国之间的竞赛活动逐渐增多。1926 年 1 月,在德国 G. 勒曼(George Lehmann)博士的倡议下,柏林网球俱乐部召开了一次座谈会。当时参加会议的有英国、德国、匈牙利、奥地利和瑞典等国的代表。会议最后决定成立临时国际乒联,并委托英国乒协举办第一届欧洲乒乓球锦标赛。

第一届欧洲乒乓球锦标赛的组织者,从伦敦向各国发出邀请信。接受邀请参赛的有德国、匈牙利、威尔士、英格兰、奥地利、瑞典、捷克斯洛伐克、印度和丹麦共 9 队 64 名男女运动员。由于印度属亚洲国家,故提出更改原定为欧洲乒乓球锦标赛的名称,国际乒联当即决定将此次比赛改名为第1届世界乒乓球锦标赛(以下简称"世乒赛")。

比赛期间,在蒙塔古母亲斯韦思林(Swaythling)女士的图书馆举行了第一次国际乒联全体代表大会。会议通过了《国际乒联章程》和《乒乓球比赛规则草案》,推选英国乒协负责人蒙塔古为国际乒联第一任主席。

比赛于1926年12月6—12日在伦敦弗灵顿街纪念堂举行,只有男子团体、男子单打、女子单打、男子双打、混合双打和男子安慰赛6个比赛项目。因为当时参加比赛的女运动员共16名,所以没有进行女子团体和女子双打的比赛。

参加男子团体赛的有7个队,比赛采用单循环的方法。最后,匈牙利获得冠军,奥地利获得亚军,英格兰、印度、威尔士、捷克斯洛伐克和德国分获第3~7名。

根据第一次国际乒联全体代表大会的规定,每年举行一届世乒赛。但第2届因举办国经济困难,推至1928年1月在瑞典举行。此届比赛增加了女子双打项目。到1934年的第8届世乒赛时,又增加了女子团体赛。1940—1946年,受第二次世界大战影响,比赛中断。1947年3月,在法国巴黎举行了战后的第一次世乒赛(即第14届)。该届比赛中,又增设了女子安慰赛和元老杯赛。至此,世乒赛就有了10个比赛项目。男子团体、女子团体、男子单打、女子单打、男子双打、女子双打和混合双打是每届都要举行的正式比赛项目,男、女单打,安慰赛和元老杯赛为非正式比赛项目,必须由举办国协会申请,经国际乒联批准后方可举行。从1957年开始,世乒赛改为每两年举行一届。1999年第45届世乒赛因科索沃战争被迫"一分为二",单项比赛和团体赛分别于1999年8月在荷兰、2000年2月在马来西亚举行。2001年4月第46届大阪世乒赛再次"合二为一"。自2003年第47届世乒赛始,单项比赛和团体赛分别在不同年度和地点进行,单项比赛于奇数年举行,团体赛在偶数年举行。

国际乒联规定的世乒赛共有7个正式比赛项目,每项都设有专门的奖杯,其奖杯的名称各不相同,是根据捐赠人的姓名或捐赠者的国名而定的。

三、乒乓球运动的发展阶段

乒乓球运动从游戏到竞技体育项目,经历了以下几个重要发展阶段。

第一阶段(1926—1951):欧洲国家主导世界乒坛。

1926—1951年,乒乓球运动在欧洲发展较快,参赛队主要来自欧洲各国。共举行了18届世乒赛,先后有117个冠军诞生,除美国队获得8个冠军外,其余都由欧洲各国获取。在此期间,欧洲选手在世界乒坛占有绝对优势。

这一时期的主导打法是削球,其指导思想是自己尽量少失误,让对手失误。这与当时运动员使用利守不利攻的胶皮拍和网高(17厘米)、台窄(146.4厘米)、球软等因素有关。由于比赛没有时间限制,故多次出现"马拉松"式的乒乓球赛。在第10届世乒赛上,奥地利对罗马尼亚的男子团体决赛竟打了三天之久(实耗时间为 31 个小时);波兰的欧立克与罗马尼亚的巴奈斯,为争夺一分球的胜利竟用了两个半小时;法国的哈格纳尔与罗马尼亚的沃拉道尼,一场单打用时 8 个半小时。第 11 届世乒赛后,国际乒联对比赛规则进行了修改:球台加宽至 152.5 厘米,球网降至 15.25 厘米,比赛改用硬球,限制了比赛时间(一场三局二胜的单打不得超过 1 小时,五局三胜的比赛不得超过 1 小时 45 分)。规则的改变为攻球技术创造了有利条件,削攻结合的打法开始发展起来,也出现了一些以攻为主的选手,这一时期攻球技术还未达到战胜削球的水平。

第二阶段(1951—1959):日本的长抽取代欧洲的削球。

日本乒协早在 1928 年就加入了国际乒联,1952 年首次参加世乒赛。虽然日本队只有三名男运动员和两名女运动员参赛,但手握海绵球拍,采用直拍全攻型打法,连续击败众多欧洲削球名将,一鸣惊人地夺得男子单打、男子双打、女子团体和女子双打 4 项冠军。这一时期共举行了 7 届世乒赛(第 19—25 届),产生了 49 个冠军,日本队夺得了 24 个。特别是 1954 年第 21 届世乒赛,日本队获男、女团体冠军;1959 年第 25 届世乒赛,日本队竟拿走了 7 项冠军中的 6 项,创造了日本队参加世乒赛的最好成绩。

日本队获得成功的一个重要原因,就是勇于创新——手握海绵球拍,采用直拍全攻型打法——长抽。

第三阶段(1959—1969):中国的快攻打败日本的长抽。

20 世纪 50 年代末,正当日本队的长抽打法处于巅峰状态时,中国快攻选手容国团在第 25 届世乒赛上为中国夺得了第一个世界冠军。

60 年代共举行五届世乒赛,中国队仅参加了第 26、27 和 28 届,共获得 21 个冠军中的 11 个。庄则栋连续三届蝉联世乒赛男单冠军。具有"快、准、狠、变"独特风格的中国近台快攻打法,把世界乒乓球运动推向了一个新的发展阶段。第 29、30 届世乒赛,因中国队没有参加,冠军大都被日本队所夺。

第四阶段(1969—1979):弧圈快攻熔于一炉,欧洲复兴。

20 世纪 60 年代初,左手直握球拍的日本大学生中西义治创造了一种新技术——弧圈球。由于当时这一新技术还处于初创阶段,虽然旋转强烈,但弧线高、速度慢,所以未能显示出它的威力。然而,它对以后世界乒乓球技术的发展却起到了极大的促进作用。

进入 70 年代,世界乒乓球技术的发展突飞猛进。欧洲选手经过了近 20 年的努力,终于闯出一条新路,他们兼取了中国的快攻和日本弧圈球打法的优点,创造了弧圈球结合快攻和快攻结合弧圈球的两种新打法,从而走上了复兴之路。

在第 31 届世乒赛上,欧洲涌现了大批有实力的年轻选手。19 岁的瑞典选手本格森连续战胜了中国队和日本队的众多强手,一举夺得男单冠军。在第 32 届世乒赛上,瑞典男队打破了亚洲保持 20 年之久的团体冠军纪录。在第 33 届世乒赛上,男单的决赛是在欧洲选手之间进行的。中国队在第 33 届和第 34 届世乒赛上重新夺回男、女团体冠军。

在第 35 届上,匈牙利队夺回了失去 27 年之久的斯韦思林杯,而南斯拉夫男队在 25 年之后重新夺得男双冠军。

第五阶段(1979—1989):中国登上世界乒坛高峰,"中国打世界"的局面形成。

1981 年,中国队在第 36 届世乒赛上一举囊括了 7 项冠军和 5 个单项亚军,创造了世界乒乓球锦标赛历史上由一个国家包揽全部冠军的纪录。此后的三届世乒赛,中国队均取得了 6 项冠军,"中国打世界"的局面开始形成。1988 年第 24 届夏季奥运会,乒乓球第一次被列入正式比赛项目,设男子单打、男子双打、女子单打和女子双打 4 个项目,中国队获男子双打金牌和女子单打的金、银、铜牌。在 1989 年的第 40 届世乒赛上,中国队进入低谷,男队不仅丢了团体冠军,连男单和男双的桂冠也为他国所夺。

第六阶段(1989—2012):"世界打中国",中国队走出低谷,再创辉煌。

自 1988 年汉城奥运会将乒乓球作为正式比赛项目以来,欧洲乒坛职业化迅速发展,大批前中国国手的加入,又极大地促进了欧洲乒乓球技术的发展。在第 41、42 届世乒赛上,欧洲运动员连续获得了男子团体和男子单打的冠军。中国女队痛失第 41 届团体冠军,第 42 届女子单打只有一人进入半决赛,中国女队 14 年来第一次在单打中未能进入决赛。

在 1995 年的第 43 届世乒赛上,中国队再次囊括了 7 项冠军,又一次从低谷中奋起,重登世界乒坛高峰。在第 44、45 届世乒赛上,中国队都夺得 6 项冠军,在第 26、27 届奥运会上,中国队又连续两次获得"大满贯"。在 21 世纪初的第 46 届(2001 年)世乒赛上,中国队再次囊括 7 项冠军,再创世纪辉煌。在以后的第 48、49、51 届世乒赛上,中国队一次又一次地囊括 7 项冠军,显示了中国乒乓球技术的非凡实力。

自 20 世纪末开始,国际乒联对乒乓球竞赛规则进行了一系列的改革。2000 年 10 月,乒乓球由直径 38 毫米、重量 25 克,改为直径 40 毫米、重量 27 克;2001 年 9 月,乒乓球比赛由每局 21 分制改为 11 分制;2002 年 9 月,乒乓球比赛执行无遮挡发球的规定。

第二节　主要世界大赛简介

一、世界乒乓球锦标赛

国际乒乓球联合会主办的世界乒乓球锦标赛是世界上规模较大的乒乓球赛事,任何成员协会均可派运动员参加。世界乒乓球锦标赛共设 7 个项目:男子团体、女子团体、男子单打、女子单打、男子双打、女子双打、混合双打。每项冠军奖杯名称如下。

（1）男子团体——斯韦思林杯（Swaythling Cup）［见图1-2(1)］

奖杯由国际乒联前名誉主席、英国的斯韦思林夫人（首任国际乒联主席蒙塔古的母亲）赠送，故称斯韦思林杯。

（2）女子团体——考比伦杯（Marcel Corbillon Cup）［见图1-2(2)］

由当时的法国乒协主席马赛尔·考比伦先生赠送，故称考比伦杯。

（3）男子单打——圣·勃莱德杯（St. Bride Vase）［见图1-2(3)］

由英格兰乒协原主席伍德科先生捐赠，以伦敦的圣·勃莱德乒乓球俱乐部的名称命名，故称圣·勃莱德杯。

（4）女子单打——吉·盖斯特杯（G. Geist Prize）［见图1-2(4)］

由吉·盖斯特先生捐赠，故名吉·盖斯特杯。

（5）男子双打——伊朗杯（Iran Cup）［见图1-2(5)］

由伊朗前国王捐赠，以伊朗国名命名，故称伊朗杯。

（6）女子双打——波普杯（W. J. Pope Tmphy）［见图1-2(6)］

由国际乒联前名誉秘书波普先生捐赠，故称波普杯。

（7）混合双打——兹·赫杜塞克杯（Zdenek Haydusek Prize）［见图1-2(7)］

由捷克斯洛伐克乒协原秘书兹·赫杜塞克先生捐赠，故称兹·赫杜塞克杯。

七座奖杯都是流动的。在世乒赛中各项冠军获得者可保持该项奖杯到下一届世乒赛前，在奖杯上刻上自己的名字然后交由新一届世乒赛争夺。唯有男女单打冠军如连续3次获得圣·勃莱德杯或连续4次获得吉·盖斯特杯，则由国际乒联制作一个大小为原奖杯一半的复制品，由获得者永久保存。我国乒乓球选手庄则栋因连续获得第26、27、28届男单冠军而获此殊荣。

| (1) | (2) | (3) | (4) | (5) | (6) | (7) |

图1-2　七座奖杯

二、奥运会乒乓球比赛

1981年在巴登召开的第84届国际奥委会上，由国际乒联提出申请，最终决定将乒乓球列入1988年奥运会正式比赛项目，共设男子单打、女子单打、男子双打和女子双打4

个项目。从韩国汉城(2015 年改名首尔)举行的第 24 届奥运会开始,国际乒联由 136 个会员发展为 1998 年的 182 个会员。乒乓球进入奥运会后,大大提高了乒乓球运动在国际体坛的地位。

三、世界杯乒乓球比赛

世界杯乒乓球比赛是由国际乒联举办的一项重要赛事。为了进一步推动乒乓球运动在世界范围的发展,国际乒联于 1980 年 8 月 29—31 日在香港举行了第一届世界杯乒乓球比赛,共 16 名选手参加,包括国际乒联指定的世界优秀选手和各大洲单打冠军及东道主的 1 名选手。

世界杯乒乓球比赛每年举行一届。世界杯由于参加人数少、比赛时间短、水平高、比赛激烈精彩,很受观众欢迎。

四、亚洲运动会乒乓球比赛

这是由亚洲运动联合会举办的亚洲地区最大的综合性运动会。1951 年,中华全国体育总会曾派出代表参观了在印度举行的第 1 届亚洲运动会乒乓球比赛。

乒乓球是亚运会主要项目之一。亚运会的比赛项目主要为奥运会项目,但不像奥运会那样有太严格的规定。每届亚运会除必须列入的一些广泛开展的运动项目,如田径、游泳、足球、篮球、排球外,还可根据自身情况和运动员自身水平做适当的增减。直到在曼谷举行的第 5 届亚运会才有了乒乓球项目。中国乒乓球队连续参加了第 7—14 届亚运会,并取得了优异的成绩。

五、亚洲杯乒乓球锦标赛

亚洲杯乒乓球锦标赛是由参加亚乒联盟的亚洲各国家、地区的各委员协会的乒乓球选手参加的锦标赛。每 2 年举办一届。1972 年 9 月 2 日至 13 日,首届亚洲乒乓球锦标赛在中国北京举行,它的比赛项目与世界锦标赛一致,比赛期间召开亚乒联盟代表大会。亚洲杯乒乓球锦标赛是亚洲乒乓球联盟最重要的赛事,为促进亚洲乒乓球运动的发展做出了积极的贡献。

六、全国运动会乒乓球比赛

全运会是由全国各省、自治区、直辖市,中国人民解放军及各大企业体协参加的全国最大规模的综合性运动会。乒乓球是其中一个重要的竞赛项目,它包括乒乓球全部的 7 个项目,代表了我国乒乓球最高水平的角逐。

第三节　乒乓球组织机构及宗旨

一、国际乒乓球联合会

国际乒乓球联合会(International Table Tennis Federation，ITTF)，简称国际乒联(见图 1-3)，1926 年成立于柏林。国际乒联是国际单项体育联合会总会成员，其成员协会分属欧洲乒联、亚洲乒联、非洲乒联和南美洲乒联。当地时间 2011 年 5 月 10 日，国际乒联会在鹿特丹世乒赛期间召开。会上阿达姆·沙拉拉主席宣布，国际乒联的成员协会新增 5 个，截至 2019 年 10 月，国际乒联的成员协会已达到 226 个国家和地区，处于平稳的逐年递增趋势，这也是对乒联全球推广工作的肯定。

图 1-3　国际乒联标志

中国于 1952 年 3 月正式加入国际乒联。

ITTF 标志是国际乒联(International Table Tennis Fedaration)的英文缩写，它所许可使用的范围包括经过 ITTF 审批的胶皮、乒乓球、乒乓球台、胶水、网、网架、地板，它有两层含义：一是表示已经过国际乒联批准，可在各项国内、国际比赛中使用；二是 ITTF 标识本身就是一种国际注册的商标，产品通过审批的同时也自动获得使用这一国际标识的许可。

国际乒联的标记如图 1-3 所示，由乒乓球拍、球网、球和乒乓球台 4 个基本元素构成，形象地表现了乒乓球运动。其中字母"ITTF"，组成了一个球网图案(这 4 个字母是英文 International Table Tennis Federation 的缩写，译文即是"国际乒乓球联合会")，贯穿在球网中间有一个球拍图案，其形状突出了乒乓球运动这一主题。字母 F 上的一点象征着乒乓球的圆球体形状，这一点与 F 字母组合成为一个运动员躯体图案。位于球拍下端的一条水平线段，代表乒乓球台。

国际乒联的宗旨：

1.维护国际乒联的原则，发展协会和运动员之间的友好互助精神。

2.协调各协会之间以及协会同其他团体之间的关系。

3.继续提高乒乓球技术水平并在全世界扩大乒乓球运动的参与度。

4.发展友好的乒乓球比赛，消除不公正行为和诸如用药物来影响比赛成绩等违规行为。

5.确定奥运会参赛资格，确定并维护乒乓球规则和国际竞赛规程。

6.出版包括章程、竞赛规则和规程在内的规范性文件。

7.鼓励用其他文字出版规范性文件并校对这些版本的准确性。

8.促成和监督世界级比赛的举办。

9.资金的使用要有利于乒乓球运动。

国际乒联的主要活动：

国际乒联的主要活动是每隔两年委托一成员协会主办一届世界乒乓球锦标赛，并在举行该届世锦赛的同时、同地，举行代表大会，每一个正式成员协会有权派两名代表参加代表大会，并在代表大会上享有两票表决权。

国际乒联的领导机构：

国际乒联的领导人应由一名主席，一名第一副主席，一名负责财务的执行副主席，三名负责其他事务的执行副主席和六名各大洲副主席组成。

非洲、亚洲、欧洲、拉丁美洲、北美洲和大洋洲应各有一名大洲副主席，他们的职责是负责代表大会托付给他们的国际乒联工作，并在他们所在洲代表国际乒联。

代表大会休会期间，任何职务（主席除外）有了空缺，由理事会填补；如主席辞职或不能执行职务，由第一副主席代理，直至下一届代表大会为止。

二、亚洲乒乓球联盟

亚洲乒乓球联盟简称为亚乒联盟。它成立于 1972 年 5 月 7 日，由中国、朝鲜、柬埔寨、日本、伊拉克、伊朗等 16 个乒乓球协会在中国北京召开筹委会，经过 4 天的商议通过了章程，推选出领导机构。亚乒联盟首任主席是日本乒协的川上里三，第一副主席是朝鲜民主主义人民共和国乒协的代表，名誉主席是新加坡的邓德华。名誉秘书长是中国乒协代表宋中。

1984 年 10 月，宋中被选为终身名誉主席，王露仙、李富荣被选为名誉秘书长。

截止到 2018 年，亚洲乒乓球联盟的会员协会约有 43 个国家和地区，成为亚洲最大的体育组织。

亚乒联盟的宗旨：（1）增进亚洲国家和地区的人民和运动员之间的友谊，发展亚洲与其他各洲乒乓球界和运动员的友好联系。（2）促进亚洲乒乓球在一定程度上得到普及、发展和提高。章程还规定,亚乒联盟的会员协会不分大小,一律平等,互相尊重,民主协商。亚乒联盟每两年举办一次锦标赛,同时举行代表大会。

三、中国乒乓球协会

中国乒乓球协会是具有独立法人资格的全国性群众体育组织,简称"中国乒协",成立于 1955 年,总部设在北京市。英文为"CHINESE TABLE TENNIS ASSOCIATION",缩写为"CTTA"(见图 1-4)。

图 1-4　中国乒乓球协会

中国乒乓球协会是代表中国乒乓球项目活动的最高社会团体,并且是代表中国参加相应的国际乒乓球活动及国际乒联的唯一合法组织,也是国家体育总局乒乓球羽毛球运动管理中心的常设办公机构。中国乒乓球协会的宗旨:坚持党的领导,加强党的建设,坚持正确的政治方向。维护国家利益,保护国有资产,树立行业管理权威,提升国际话语权。团结全国乒乓球工作者、运动员、教练员、裁判员、乒乓球爱好者以及关心支持乒乓球项目的社会各界人士,不断深化乒乓球运动改革,推动乒乓球运动的普及与提高,为国争光,增进与各国乒乓球协会和运动员的友谊,加强与国际乒联和亚乒联盟的联系与合作。

中国乒乓球协会是中华全国体育总会的团体会员,是中国奥林匹克委员会承认的全国性运动协会。该协会接受国家体育总局和民政部的业务指导和监督管理。

四、中国大学生乒乓球协会

中国大学生乒乓球协会(China University Table Tennis Association,简称"大乒协"),是全国高等学校普及与提高乒乓球运动的群众性体育组织。截止到 2018 年 12 月,全国有 60 余所高校会员,会址设在华东理工大学。

根据教体司〔1990〕005 号《关于下发组建中国大学生体育协会单项协会几点意见的

《通知》精神,由原大乒协联络组中心组单位华东化工学院(现已更名为"华东理工大学")征得23个省、自治区、直辖市教育行政部门的意见,分别推荐各地区24所学校及代表并草拟中国大学生体育协会乒乓球协会章程、领导机构建议名单、1990年工作计划等组建中国大学生体育协会乒乓球协会相关文件。上报国家教委后,6月16日由国家教委学校体育卫生司、中国大学生体育协会下达教体司〔1990〕024号《关于下发成立中国大学生体育协会足球协会等五个单项协会审批意见的通知》批准中国大学生体育协会乒乓球协会正式成立,会址设在华东化工学院。

其后由上海市高教局继续征得有关省、自治区、直辖市教育行政部门的意见,经过近2个月的准备工作,在上海市高教局的具体指导下于1990年8月3日至5日在上海市华东化工学院举行中国大学生体育协会乒乓球协会成立大会。

随即在大乒协第一次全体委员会会议上,讨论并通过了《中国大学生体育协会乒乓球协会章程》,民主选举产生了中国大学生体育协会乒乓球协会的领导机构及名誉主席谢丽娟(时任上海市副市长)、李富荣(时任国家体委训练局局长、中国乒协副主席),顾问许绍发(时任国家乒乓球队总教练、中国乒协副主席)、程嘉炎(时任国际乒联技术委员会秘书、中国乒协秘书长)、邹德正(时任广西大学副校长),同时还通过了大乒协下设的3个专业委员会,分别为教学、训练委员会,竞赛、裁判委员会,科研委员会。

1991年4月10日至13日,根据中国大学生体育协会乒乓球协会工作计划,"大乒协"常委扩大会议在广西大学召开。会议讨论了"大乒协"的组织发展工作及1991—1992年举办的活动,主要有:决定1991年7月25日至29日在上海华东化工学院举办全国大学生乒乓球调赛(精英赛);同年10月在湖南长沙国防科技大学举办全国第三届乒乓球高级裁判员学习班;1992年在陕西省西安市举办全国大学生乒乓球锦标赛,并在锦标赛期间举办全国普通高等院校乒乓球学术论文的交流活动;等等。

经过多年的建设与发展,中国大学生乒乓球协会已发展成为特色鲜明、高效专业的单项运动协会。到目前为止,"大乒协"已成功举办了24届全国大学生乒乓球锦标赛、4届全国校长杯乒乓球比赛以及众多全国和地方性的乒乓球赛事活动。以"传播乒乓文化、汇聚四海友谊"为目标和宗旨,"大乒协"团结全国各高校会员单位,在各项工作中不断开拓进取,为促进大学生乒乓球运动的发展,为进一步振兴我国乒乓球运动和体育事业而积极努力。

乒乓球

 **知识拓展**

乒乓球的别称

除了最为规范的"table tennis"之外,乒乓球还有好几种别名,比如 ping-pong 也许是因为乒乓球在桌上发出"乒乒乓乓"的声音而得名。英国一家体育用品公司率先用"乒乓"(ping-pong)一词做了广告中的商品名称。到 1926 年,早已成立的英国乒乓球(ping-pong)协会才发现"ping-pong"已被商业注册,加之原协会缺乏代表性,于是解散重组为"桌上网球(table tennis)"协会。乒乓球传入日本时,善于借用外来词的日本人将它简称为"桌球"(非斯诺克台球),日文写作"卓球"。中国台湾地区也受日本影响,习惯用"桌球"这一称谓。

 学以致用

1. 简述乒乓球运动的起源。
2. 简述世界乒乓球锦标赛的产生背景及各项奖杯的名称、来源。
3. 简述国际乒联的宗旨及中国乒乓球协会的宗旨。

第二章　乒乓球运动与健康

应知导航

　　本章主要介绍健康知识,如乒乓球运动体能训练的重要性及乒乓球运动中常见损伤的预防与治疗。通过本章的学习,学生对健康知识及体能锻炼会有更深、更全面的了解,可以根据自己的身体素质情况有针对性地进行锻炼。同时,通过本章的学习,学生可了解运动损伤的原因,掌握运动损伤的预防和处理方法。

第一节　健康概述

一、健康的定义

　　健康是人类最大的财富,其重要性几乎人人皆知。随着社会的进步与发展,人们对健康有了更加深刻和全面的认识。1948年世界卫生组织(WHO)提出:"健康不仅仅是无疾病或不虚弱,而且是身体上、心理上和社会适应方面的完美状态。"1989年,该组织又对这一说法做了补充,即除了身体健康、心理健康和社会适应良好外,还加上了道德健康,认为只有这4个方面健康才算是完全的健康。由此可见,一个人只有在身体和心理上都保持健康的状态,并且有良好的社会适应能力,才称得上真正的健康。

二、健康的五要素

　　美国学者劳森(Lawson)认为,个体健康应当在身体、精神、智力、情绪、社交等5个方面(简称"健康五要素")都处于健康和完美状态,才能称之为真正的健康。

　　1. 身体健康

　　身体健康不仅指无病,而且还包括充足的体能,后者是一种满足生活需要并有足够的能量完成各种活动、任务的能力。具备良好的体能可以预防疾病,增强体魄,提高生活质量。

2.精神健康

精神健康对于不同宗教、文化和国籍的人具有不同意义,主要包括理解生活基本目的的能力,以及关心和尊重所有生命体的能力。

3.智力健康

智力健康指在长期的学习和生活中,大脑始终保持活跃状态。有许多方法可以使大脑保持活跃、敏捷,如听课、与朋友讨论问题和阅读报刊书籍等。努力学习和勤于思考还能使人有一种成就感和满足感。

4.情绪健康

情绪涉及我们对自己的感受和对他人的感受。情绪健康的主要标志是情绪的稳定性,所谓情绪的稳定性是指个体应对日常生活中人际关系和环境压力的能力。当然,生活中偶尔情绪高涨或情绪低落均属正常,关键是在生活的大部分时间里要保持情绪稳定。

5.社交健康

社交健康指形成与保持和谐人际关系的能力,此能力将使你在交往中有自信感和安全感。与人友好相处,也会使你少生烦恼,心情舒畅。

 知识窗

亚健康状态及其消除措施

亚健康状态:虽然没有疾病,但主观感觉虚弱和诸多不适;日常精神欠佳,机体活力降低;反应能力减退,工作效率降低;人际关系较差,适应能力降低;同时又无疾病的客观依据。

消除措施:改正不良生活习惯,调整个人心理状态,提高应变能力,消除疲劳,加强体育锻炼,适当服用保健品,等等。

第二节　乒乓球运动对大学生健康教育的影响

乒乓球运动是人们强身健体、延年益寿的有效方法之一。乒乓球运动具有简单易学、运动量可调、安全性强、适应范围广、健身效果明显等特点,它对参与者的身体健康、心理健康及社会适应能力等都有显著的积极作用。乒乓球自传入我国以来,早已成为一

项国民齐参与的大众运动。

一、乒乓球运动的特点

1.乒乓球运动的特点是器材设备简单,对球、球拍、球台、场地的经济投入较少,室内室外都能进行,受天气与季节变化的影响不大。运动量可大可小,不同年龄、性别和身体条件的人都能参加。由于运动时身体不直接碰触,再加上乒乓球体积小、重量轻,因此,对人没有直接的伤害,比较安全,很容易为大众所接受。

2.乒乓球运动是一项全身心的运动,要求身体各部位积极参与,协调配合,完成动作,因而对人体的锻炼比较全面。长期参加乒乓球运动,对于改善视力、增强肠胃功能、提高人的免疫功能、预防心脑血管疾病、增强人的各器官的活动能力都有显著的促进作用。

3.乒乓球速度快、变化多,要求练习者在短时间内对瞬息万变的击球有较强的反应能力和应变能力,它能提高人体神经系统的灵敏性、协调性。因此,经常打乒乓球,人的思维能力、判断能力、观察能力、创新能力及意志品质和心理素质都能得到锻炼和提高。

4.乒乓球有单打、双打、团体项目。团体项目通过个体来实现,所以乒乓球项目既能培养人的独立思考、单独作战能力,又能培养人的集体主义精神。

5.器材与规则的改变,使乒乓球的来回球更多,变化也更多了。节奏加快,使乒乓球比赛变得更加刺激、激烈、精彩,更具趣味性和观赏性。

二、乒乓球运动的锻炼价值

1.乒乓球运动能提高人的身体素质

在乒乓球运动过程中,要求练习者不断移动与还原,涉及的各肌肉群要经历成千上万次的锻炼,肌肉的主动收缩与舒张会促进血管中的血液流动,输送更多的氧气和养料,久而久之,能提高肌肉的质量,促使肌肉收缩的速度力量大大增强,由于对方来球变化无常,要求练习者判断快、起动快、脚步移动快、出手击球快、动作还原快及战术决策快等,这就必须在大脑的指挥下,通过全身肌肉的协调配合才能完成,从而增强大脑的控制功能及肌肉配合完成工作的协调功能,增加人体的协调性。长期进行乒乓球运动,会使神经反射弧中的感受器对物体的敏感性增强,从而使传入神经中枢的信号得到增强,进而提高锻炼者的灵敏性。

2.乒乓球运动对心肺功能有促进作用

乒乓球运动是一项以有氧为主的健身运动,运动时需要借助不停的呼吸,吸进新鲜空气,及时排出二氧化碳,满足机体活动所需的能量。经常参加乒乓球锻炼,能使呼吸肌增强,肺通气量提高。打球时要求练习者不停地移动和挥拍,调动全身肌肉参与活动,促使肌肉不断收缩与舒张,以达到有效完成动作的目的。肌肉的主动收缩与舒张会对周围的血管进行反复的挤压,加速血液流动,以及时满足机体各部分能源的供应和促进代谢物的排泄。由于血液循环的加快,心脏从形态、机能和功能上产生良好的适应性,心脏的工作效率得到提高。

3. 乒乓球运动对心理素质健康有促进作用

乒乓球是一项高尚的文化娱乐活动。经常参加乒乓球锻炼,可以增强中枢神经系统对其他系统与器官的调节能力,大大提高神经系统的反应速度,使大脑发达、思维敏捷;同时,可以使人在练习中不断得到心理满足,缓解压力,忘记烦恼;能使人感到身心愉快、神清气爽,具有锻炼意志、调节情感的功效。

4. 乒乓球运动可以促进交流,增进友谊

乒乓球运动的特殊性,决定了必须由两人或更多人参与才能完成练习,无论是学动作,还是练习中的配合,都需要双方及时沟通。通过乒乓球练习,人们可以互相交流经验、切磋球技,达到相互学习、共同提高、建立良好的人际关系的目的。

5. 打乒乓球能预防近视

用眼过度、看书距离太近、光线不足等原因会造成睫状肌长时间持续收缩,而近视主要是由睫状肌过度紧张、疲劳,外加忽视用眼卫生造成的。

进行乒乓球练习时,每个球的长短、高低、旋转、速度各不相同,千变万化,双眼必须紧盯着球,做出正确的判断,这就导致练习者的视线不断远近、左右、上下移动,这可改善睫状肌的收缩与舒张能力,在一定程度上预防了近视。眼球不断回转,周围的肌肉反复收缩与舒张促进血液循环,从而得到更多的养料,能消除或缓解眼睛疲劳。

 知识窗

2000 年世界卫生组织提出的健康十标准

——有充沛的精力,能从容不迫地担负日常生活和工作压力而不感到紧张和疲劳。

——处世乐观,态度积极,乐于承担责任,事无巨细,不挑剔。

——善于休息,睡眠良好。

——应变能力强,能适应外界环境的各种变化。

——能够抵御一般的感冒和传染病。

——体重适当,体形匀称,站立时,头、肩位置协调。

——眼睛明亮,反应敏锐,眼睛不发炎。

——头发有光泽,无头屑。

——牙齿清洁,无空洞,无痛感,牙龈色泽正常,无出血现象。

——肌肉丰满,皮肤有弹性。

三、日常健身误区

健身的目的是"强身健体",但是有些人由于对运动项目、锻炼方法及自身状况缺乏足够了解,存在着错误的运动习惯和动作。在锻炼中存在的主要误区如下。

误区1:为了减肥,每次锻炼时都应该大汗淋漓。

这种想法是错误的。出汗只能迅速降低体温,但不会直接减肥。你可能在一次锻炼后体重减轻,这只是体内水分减少造成的暂时现象。一旦你补充了足够的水分,体重也将随之恢复。

误区2:减腹部脂肪的最好方法是专做腹部的锻炼。

这种想法是错误的,很多人,特别是女性认为,特定区域的肌肉得到锻炼后,局部脂肪就会"燃烧",从而达到减肥的目的。其实无论何种锻炼,都会使你全身各个部位消耗脂肪。如果你想要减掉局部的脂肪,在做完全身的锻炼之后,还应该对局部进行专门的针对性运动。

误区3:慢跑一千米比步行一千米消耗更多的热量。

这种想法是错误的,从运动学的角度来说,无论你是跑一千米,还是走一千米,你体内消耗的能量应该是一样的。因为能量的消耗跟你运动的距离有关,而跟运动时的速度无关。所以你锻炼时应该在力所能及的情况下,尽量延长运动的时间。就是说,你步行30分钟肯定会比跑20分钟消耗更多的热量。

误区4:经常的剧烈的伸展运动可保持肌肉的柔韧性。

这种想法是错误的,扭腰、弯腰、左右腰部拉伸等都属于拉伸运动。这类运动应该慢慢来做,不可以用力太猛。谨记:伸展运动是为了让肌肉松弛,而剧烈的伸展运动会使你的肌肉变得更紧。

误区5:晨练最好。

很多人喜欢早晨锻炼,以为早上空气清新,其实不然。早上的空气污染最严重。并且,早晨人的血液黏稠度高,容易形成血栓。其实,黄昏时心跳、血压最平稳,更适合锻炼。

误区6:带病坚持锻炼。

这是最危险的。如果身体感到不适,应暂停运动或减少运动,否则会加重病情,造成不可挽回的后果。特别是老年人,本身免疫力就差,身体处于异常状态时,一定要停止健身活动。

误区7:空腹活动。

很多人喜欢空腹锻炼(特别是早上),这是非常错误的。运动需要能量,缺少能量会造成头晕、心跳加速、出冷汗等问题,严重的可能会猝死。

误区 8：运动量越大越好。

超负荷运动会导致过度疲劳、浑身酸痛等不适，甚至引起肌腱、肌肉拉伤。正确的锻炼方法是：从小运动量开始，循序渐进增加运动量。

误区 9：盲目运动。

运动既有益处也有风险。体弱者运动前一定要做医疗评价，选择适宜的项目。运动中还要加强医务监督，以确保安全。

误区 10：运动中大量饮水。

运动中常觉口渴，但要避免大量饮水。正确的方法是小口缓咽，每次补水不宜太多，能缓解口渴症状就好。运动完 1 小时后，再补足身体缺失的水分。

误区 11：运动后不做活动。

运动后身体会很兴奋，若等待自然放松，速度较慢。做整理活动能帮助身体逐渐缓和压力，避免出现肌肉酸痛等不适。

误区 12：忽视热身。

准备活动是健身的必要步骤。活动前热身，可以提高身体兴奋度，减小肌肉黏滞性，增加关节的灵活性，避免运动损伤。

误区 13：运动后马上吃饭、洗澡。

立刻吃饭或洗澡会增加身体负担，造成不必要的伤害。

误区 14：保持足够健康的身体不必每天都要进行锻炼。

这种想法是错误的，运动学常识告诉我们，肌肉只要一停止锻炼，就会迅速失去它的力量。在经过 48 或 72 小时之后，你必须锻炼以使肌肉保持良好的状态，尽管天天锻炼最有益于你保持身体的健康，但如果你实在太忙的话，至少要每两天锻炼一次。

误区 15：剧烈运动中立即停下来休息。

剧烈运动时人的心跳会加快，肌肉、毛细血管扩张，血液流动加快，同时肌肉有节律性的收缩会挤压小静脉，促使血液很快地流回心脏。此时如果立即停下来休息，肌肉的节律性收缩也会停止，此前流进肌肉的大量血液就不能通过肌肉收缩流回心脏，外周血液增多，造成血压降低，出现脑部暂时性缺血，引发心慌气短、头晕眼花、面色苍白，甚至休克、昏倒等。

第三节　乒乓球运动体能锻炼方法

体能是人类适应生活、工作、学习等活动应具备的各种身体能力。运动体能指运动员机体的基本运动能力，是竞技能力的重要构成部分。运动员体能发展水平是由其身体形态、身体机能以及运动素质的发展状况所决定的。对于乒乓球运动员来说，体能训练可以提高运动员的健康水平,良好的体能训练,是乒乓球运动员增强体力、提高素质、锻炼意志、完成训练和比赛任务的必要保证,是解决和掌握先进的、高难度技术和战术的辅助手段,是技术、战术训练和创造优异成绩的基础。

乒乓球运动员体能训练的内容包括一般身体训练和专项身体训练两个方面等。一般身体训练指全面提高运动员身体形态、功能、素质和健康水平的基础性身体训练;专项身体训练的任务是在全面发展一般素质的基础上,着重发展乒乓球运动员所需的专项身体素质。

身体素质包括力量素质、速度素质、灵敏素质、耐力素质、柔韧素质等。一般身体素质和专项身体素质是运动员表现在上述诸方面的基本能力和特殊能力。

一、力量素质

力量素质是指人体肌肉工作时克服阻力的能力。肌肉力量的提高有助于加大击球力量,有助于提高步法移动的灵活性,其中,最重要的是一种快速力量,即爆发力,指单位时间内肌肉所能发挥的最大力量。可见,乒乓球选手击球力量大,球速就快,在战术上就容易取得主动,获得更多的进攻机会。

1.力量训练的主要内容

(1)核心练习:包含大肌肉群的多关节力量练习,这种练习一定是多关节运动,如卧推、蹬腿、下拉器等练习。

(2)辅助性练习:小肌肉群、单关节练习。如屈肘、伸膝练习等。

(3)结构性练习:最重要的练习类型,所有的运动都需要进行。如爆发力练习。

2.力量训练的基本方法

(1)发展上肢力量的练习:俯卧撑、单杠引体向上、重物提起、持哑铃做变速弯举、前臂绕环、侧平举、前平举及变速模仿挥拍的动作、上身躺平后持哑铃做上举动作。

(2)发展躯干力量的练习:仰卧起坐接转体、仰卧抱头起、侧卧抱头起。

(3)发展下肢力量的练习:负重提踵、负重半蹲、单足蹲起、单足跳、双足跳、蹲跳、向前或向侧跨步、急停反向。

(4)击球前,使击球点适当远离身体,并保证有一个适当的加速挥拍的距离。

(5)击球前,肌肉要适当放松,便于拉长的肌肉在击球时快速收缩。

(6)击球前,要使挥拍速度达到最快,使力量充分作用于球体上。

(7)提高脚、髋、腰、臂、腕和手指力量的协调配合,尽力发挥全身的力量去击球。

(8)击球前,必须做好预判,及时移动步法,抢占有利的击球位置,尽可能使身体与击球位置保持一定的距离,以加快击球的挥拍速度,从而提高击球加速度。

(9)击球时,选择正确的击球时间和击球点,有利于手臂的充分发力,使挥拍速度加快。

（10）根据战术的需要调节击球力量：发力、借力、减力。

3.力量训练注意事项

（1）合理选择训练方法：肌力增强的效果与选择的训练方法直接相关。训练前应先评估训练部位的关节活动范围和肌力情况，根据评估结果选择训练方法。

（2）合理调整运动强度：运动强度包括重量和重复频率。

（3）无痛训练：肌力训练应该在无痛的前提下进行。因为疼痛提示肌肉损伤，疼痛时的肌肉痉挛也造成额外负荷，勉强训练将导致严重肌肉损伤或软组织炎症。

二、速度素质

速度素质是指有机体或机体某部位快速移动的能力，可分为判断的反应速度、脚步的移动速度和挥拍击球的动作速度。乒乓球运动项目的特点，要求运动员在比赛中判断快、反应快、起动快、摆臂快、移动快，掌握每个时机，争取主动，夺取胜利。因此，乒乓球运动员就必须迅速完成各种动作，这是在实战中击败对手的重要条件。

1.速度训练的主要内容

（1）位移速度：动作中突然改变方向的能力，包括平衡和对惯性的控制。如步法、身法的移动等。

（2）反应速度：身体对各种信号刺激的快速应答能力。如运用敏捷的思维，以正确、快速的动作克敌制胜。

（3）动作速度。通过正确的状态、正确的姿势，以技术动作攻击。

2.速度训练的基本方法

（1）练习30米跑：30米快速跑、30米变向跑、30米加速跑、30米侧向跑。

（2）练习反应速度：

A.快速跳绳（半分钟跳绳，计次数）：练习双脚跳一次，绳绕一周；练习双脚跳一次，绳绕两周。

B.两人想象比赛：两人在球台的两侧，徒手模拟想象性比赛，一方做出击球动作，另一方根据对方的击球动作立即做出相应的还击动作。

C.根据信号做相应动作：以看手势或听信号的方式，进行前后左右的各种步法练习，亦可将手法和步法结合起来进行练习。

（3）练习动作速度：

A.在限定时间内，用最快速度或最快频率完成某项技术动作或某种技术组合。如20～30秒内的高速侧身步法、手法结合徒手练习，或单纯的推、侧、扑徒手练习。

B.选择并步、跨步或交叉步进行左右快速移动，并用单手或双手触摸球台面端线处。

C.练习者两脚站于球台左边边线延长线的右侧，听到口令后按逆时针方向绕球台跑一或两周。

（4）练习位移速度：

A.左右并步移动：以球台宽度为界，30～60秒为一组。

B.交叉步移动：以球台长度为界，30～60秒为一组。

C.沿球台侧进行滑步接力赛。

D.长短球步法练习：30～60秒为一组。

E.摸球台端线两角：左右向侧前、侧后移动，30～60秒为一组。

3.速度训练注意事项

（1）要以最快的速度完成训练动作，采用的动作是受训者已熟练掌握的正确动作。

（2）击打动作练习持续时间一般不应超过20秒。

（3）专门性的动作速度练习应与实战对抗动作相一致。

（4）训练时要掌握好练习的间歇时间。

三、灵敏素质

灵敏性是指在各种突然变换的条件下，以不损失身体平衡、力量、速度或身体控制能力为前提，运动员能够迅速、准确、协调地改变身体运动的空间位置和运动方向的能力。在乒乓球比赛中，选手随机做出的应答动作必须在时间、空间及用力特征上相互协调。

灵敏性是一种综合素质，是速度、柔韧、力量等素质的综合反映，因而它是所有对协调、灵活、准确和应变能力有很高要求的运动项目的最重要素质。

1.灵敏训练的主要内容

（1）协调性：是指运动员有机体各部分活动在时间和空间里相互协调配合，合理、有效地完成动作的能力。它与灵活性和准确性构成三大基本能力。

（2）灵活性：是指运动员快速转换动作的能力，与运动员神经过程的灵活性和动作速度、反应速度的快慢有紧密联系。

（3）准确性：是指在完成动作时，运动员在空间、时间和用力特征等方面与运动任务相吻合，以最节省的程度准确无误地完成动作的能力。

（4）应变能力：指是当环境、条件、对手等发生变化时，能够及时采取措施迅速加以应对的能力。

2.灵敏训练的基本方法

（1）方向改变练习：在跑、跳中做迅速改变方向的各种跑、躲闪、突然起动以及各种快速急停和迅速转体练习等。

（2）变换训练法：通过变换动作的方向、角度、姿势等形式发展灵敏性。

（3）做专门设计的各种复杂多变的练习：如用"之字跑""躲闪跑""穿梭跑"和"立卧撑"四项组成的综合性练习。

（4）传球抢截游戏：分两组，每组 3～4 人。手持球拍在限定范围内，进行传球抢截。

（5）做各种变换方向的追逐性游戏和对各种信号做出应答反应的游戏等。

3. 在速度训练中应注意的问题

（1）要针对专项灵敏素质的特殊要求安排灵敏性训练，例如乒乓球运动员必须发展好手部的灵敏性，以提高其手感和控球能力。

（2）注意全面提高与灵敏性有关的各种专门的能力，为整体灵敏性的提高打好基础。

（3）注意与心理训练、思想教育结合起来。教练员应采用各种手段，消除在复杂动作的灵敏性训练中运动员紧张的心理状态，以保证训练取得良好的效果。

（4）灵敏性训练一般安排在训练课的前半部分，运动员要保证体力充沛、精神饱满。

四、耐力素质

耐力素质指有机体长时间工作的抗疲劳能力。乒乓球运动属个人对抗项目，比赛越到后期越紧张激烈。运动员的大脑皮层较长时间处于紧张状态，对运动员的专项耐力有较高的要求。乒乓球的专项耐力与速度、灵敏素质紧密结合，尤其是间歇性的耐力。专项耐力不好，必然会影响到击球的速度、力量，以及动作的灵敏性和协调性。因此，耐力素质是乒乓球运动员必须具备的素质之一，包括一般耐力和专门耐力。

1. 耐力训练的主要内容

根据运动中氧代谢的特征，耐力训练可分为有氧耐力和无氧耐力。

根据肌肉工作的力学特征，耐力训练可分为静力性耐力（如立姿步枪射击时，臂的用力）及动力性耐力。

根据耐力对运动员竞技能力的作用，耐力训练可分为一般耐力与专项耐力。

2. 耐力训练的基本方法

方法有：持续练习法、重复练习法、间歇练习法、变换练习法等。

（1）连续跑台阶

在高 20 厘米的楼梯或高 50 厘米的看台上，连续跑 30～50 步，如跑 20 厘米高的楼梯，每步跳 2 级。重复 6 次，每次间歇 5 分钟，强度为 55%～65%。要求动作不能间断，但不规定时间，向下走尽量放松，心率恢复到 100 次/分钟时可开始下一次练习。也可穿沙背心做该练习。

（2）逆风跑或负重耐力跑

遇有风天气（风力不超过五级）可在场地或公路上做持续长距离逆风跑，也可做 1000米以上的重复跑，重复 4～6 次，间歇 5 分钟。强度为 55%～60%。可穿沙背心进行负重耐力跑，要求和间歇时长与逆风跑同。

（3）原地间歇高抬腿跑

原地或前支撑做高抬腿跑练习。每组 100～150 次，6～8 组，每组间歇 2～4 分钟，强度为 55%～60%,要求动作规范,不规定时间,但动作要不间断地完成。也可做负重练习,但每组练习次数及组数可适当减少。

(4)原地间歇车轮跑

原地做车轮跑,每组 50～70 次,6～8 组,每组间歇 2～4 分钟,强度为 50%～60%,也可扶墙借助支撑物完成。

(5)连续换腿跳平台

平台高度 30～45 厘米,单脚放在平台上,另一脚在地上支撑,两脚交替跳上平台,各 30～50 次,要求两臂协调配合,上体正直,重复 3～5 组,每组间歇 3 分钟,强度为 55%～65%。

(6)1 分钟立卧撑

由直立姿势开始,下蹲两手撑地,伸直腿成俯撑,然后收腿成蹲撑,再还原成直立。每次做 1 分钟,4～6 组,每组间歇 5 分钟,强度为 50%～55%。要求动作规范,必须站起来才算完成一次练习。也可以穿上沙背心做该练习,或做立卧撑,接蹲跳起,强度稍大,以 30 次为一组,每组间歇 10 分钟。

(7)仰卧起坐

仰卧两手抱头起坐,连续做 50 次为一组,重复 4～6 组,每组间歇 3 分钟。强度为 40%～50%。起坐时要快,仰卧时要缓和,连续不间断进行。也可在起坐时,两腿屈膝上抬。

3.耐力训练的注意事项

(1)耐力训练前的饮食。运动训练之前最好提前一小时进食早餐,训练与饮食之间间隔不能少于 30 分钟,否则会在运动中增加肠胃负担,使身体产生不适感。

(2)耐力训练前的准备活动应当重视。耐力训练前的准备运动应持续 20 分钟以上,主要以提高体温和逐步提高内脏功能的稳定性和提高植物性神经系统的兴奋性为目的,降低其"惰性"。

(3)耐力训练应当注意选择正确的运动姿势和呼吸方式,使在跑的过程中更加省力,减少能量的消耗。

(4)应当重视耐力训练以后的放松运动,加速恢复,消除疲劳。

五、柔韧素质

柔韧素质指人体各关节的活动幅度、肌肉、韧带的伸展性和弹性。对乒乓球运动员来说,肩、腕和腰的柔韧性对防止运动损伤有着重要的作用。因此,乒乓球运动员应重视柔韧素质的训练。

1.柔韧训练的主要内容

柔韧性训练方法就具体形式来讲分两种:一种是主动练习法,另一种是被动练习法。

主动练习法是指练习者依靠自己的力量使肌肉拉长,加大关节活动的灵活性;被动练习法是指练习者通过他人的帮助,借助外力使肌肉被拉长,并使关节活动范围增大。

(1)拉伸大腿后部肌肉。

(2)拉伸背部肌肉。

(3)肩部环绕练习,髋关节摆胯及绕胯练习。

2.柔韧训练的基本方法

(1)前俯腰:主要用来练习腰部向前运动的能力和柔韧性。具体方法:并步站立,两腿挺膝夹紧,两手十指交叉,两臂伸直上举,手心向上。然后上体弯腰前俯,两手心尽量向下贴紧地面,两膝挺直,髋关节屈紧,腰背部充分伸展。用双手从脚两侧屈肘抱紧脚后跟,使胸部贴紧双腿,充分伸展腰背部。

(2)后甩腰:主要用来练习腰部向后运动的柔韧性。具体方法:并步站立,练习时一腿支撑,另一腿向后上直腿摆动,同时,两臂伸直,随身体向后屈,做向后的摆振动作,使腰背部被充分压紧,腰椎前部充分伸展。

(3)肩关节:采用压肩、拉肩、吊肩、转肩。肘关节和手腕关节:采用压肘压腕、旋内、旋外和绕环。

(4)腿髋部柔韧性的训练方法:

①正压腿:主要用来发展腿部后侧肌肉的柔韧性。面对一定高度的物体,比如高台、桌椅,双腿并拢站立,抬起左腿将脚跟放在肋木上,脚尖勾起,踝关节屈紧,两手扶在左腿膝盖上。两腿伸直,挺膝,同时一定要收髋,上体前屈,向前向下做振压腿的动作,逐渐加大力量,然后换腿做。根据柔韧性程度,可依次用肘部、前额甚至下颌去接触脚尖。

②侧压腿:主要用来发展腿部后侧肌肉的柔韧性。身体侧对肋木等支撑物,右腿支撑,脚尖稍向外撇,左腿举起,脚跟放在肋木上,脚尖勾起,踝关节屈紧,右臂上举,左掌放在右胸前。两腿伸直,立腰、开髋,上体向左侧振压。髋部和腰部在这个练习中将得到锻炼。

③后压腿:主要用来发展腿部前侧肌肉的柔韧性。背对肋木,并腿站立,两手叉腰或扶一定高度的物体。右腿支撑,左腿提起,脚背搁在肋木上,脚面绷直。上体后屈,并做振压动作。左右腿交替进行。髋部、腰部和颈部可以得到练习。

④前压腿:主要用来发展腿部后侧肌肉和髋关节的柔韧性。练习者一腿屈膝支撑,另一腿向前伸直,脚跟触地,脚尖勾紧上翘,踝关节紧屈;两手抓紧前伸的脚,上体前俯;两臂屈肘,两手用力后拉,同时上体尽力屈髋前俯,用头顶和下颌触及脚尖。略停片刻后上身直起,略放松后接着做下一次。两脚交替进行。

⑤仆步压腿:主要用来练习大腿内侧和髋关节柔韧性。具体方法:两脚左右开立,左腿屈膝全蹲,全脚着地;右腿挺膝伸直,脚尖内扣,尽量远伸。然后,上体起来,将身体重心从左脚移至右脚,成另一侧的仆步。可一手扶脚,另一手按另一膝,向下压振。亦可两

手分别抓住左右脚,做向下压振和左右移换身体重心的动作。

3.柔韧训练中的注意事项

(1)在进行较大强度肌肉伸展练习前,必须做热身活动,使身体微微出汗。

(2)肌肉伸展若产生了紧绷感或疼痛感时就应该停止练习,防止拉伤。

(3)减少由于动作幅度加大、扭转过猛而产生的关节、肌肉等软组织的损伤。

第四节　乒乓球运动中常见损伤的预防与治疗

本节阐述了乒乓球运动中常见的运动损伤及防治措施,使人们对乒乓球运动的锻炼价值有一个全面、客观的了解。

一、乒乓球运动中产生损伤的原因

1.思想不重视

锻炼者对预防运动损伤的意义认识不足,缺乏预防意识,运动前的准备活动不足或不合理,都容易导致运动损伤。

2.动作技术不正确

错误的技术动作,违反了人体生理结构特点及运动时的力学原理,容易引起损伤。

3.运动水平低

练习者受本身的技术水平所限,在完成一个高水平动作时也易受伤。这就要求因人而异,技术动作提高要循序渐进,难度要逐渐加大。

4.运动负荷量过大

运动时运动负荷超过了练习者可以承受的生理范围,尤其是局部负担过大,会引起损伤的积累而发生劳损。

5.场地器材存在问题

运动场地不平,地太滑;选择球拍的重量不符合练习者体能要求;运动着装不合适。对乒乓球练习者来说,脚上的鞋尤为重要,穿皮鞋、塑料底的鞋都容易引起损伤。

二、运动损伤的预防

1.加强思想教育

树立安全观念,克服麻痹思想,提高预防运动损伤的意识。

2.认真做好准备活动

合理选择准备活动内容,认真做好准备活动,提高中枢神经系统的兴奋性,加强各器官系统间的协调活动,克服各种功能惰性,提高运动能力并保持准备活动与正式运动的内容相一致。

3. 正确的技术动作练习

认真研究技术动作,了解动作要点,结合人体生理结构特点及运动时的力学原理,选择正确的练习方法进行练习。

4. 注意观察

练习前了解周围环境,特别是地面情况,做到心中有数。穿符合体育卫生要求的服装进行运动。

5. 合理安排运动负荷

练习者要根据自身的实际情况和技术水平,合理安排练习内容。运动负荷由小到大,难度由易到难,逐渐增加。

6. 加强自我和医务监督

注意体会练习后的主观感受,定期进行体格检查,了解锻炼前与锻炼后的身体变化,及时调整运动量,做到科学锻炼。

三、常见运动损伤的治疗

1. 腕部软组织损伤

(1)病因:腕关节由 8 块形状不一的小骨头组成,由于这一解剖特点,我们的手腕才能做出各种灵活的动作,但小骨多也是腕部容易造成损伤的主要原因之一。手腕的活动范围较小,当击球时,整个手臂起到速度杠杆的作用,手臂快速做出内旋外展动作,如果腕关节灵活性不好或力量较差则容易发生运动损伤。

(2)症状:腕部疼痛、乏力,活动受到不同程度的限制,有压痛感且肿胀。

(3)预治措施:做好腕部准备活动;养成使用护腕的好习惯;控制局部动作的练习量。轻度损伤时,可在 24 小时后进行热敷和按摩,损伤初期不要活动关节,避免损伤加重。重度损伤时,要在医生指导下治疗。

2. 肘部损伤

(1)病因:主要由桡肱关节滑液囊或伸腕肌腱附着点损伤引起,部分肱纤维撕裂,导致局部出血或撕裂后产生粘连。

(2)症状:通常无明显外伤史,得病后感觉患肘肿胀、跳痛,关节活动正常,但患肢握拳旋转(如拧毛巾)时疼痛加剧,甚至握力减弱,手中物品会在无意中自动滑落。

(3)预治措施:加强手臂、手腕的力量练习和柔韧练习。运动的强度要合理,不可使手臂过度疲劳;锻炼前要充分做好准备活动,特别是手臂和手腕的内旋、外旋等练习,锻炼后要重视放松练习;选择适合自身的球拍。早期症状轻微时,按摩、理疗效果较好;疼痛加重后可采用推拿、针灸疗法、中草药外敷法等。

3.肩关节损伤

(1)病因:由于肩关节运动过度,动作过猛,长时间用手臂扣球,在做伸展、外展、转肩及超出正常范围的剧烈活动时,受到反复牵拉,与韧带发生摩擦而引起的损伤。

(2)症状:肩外侧疼痛,向颈部、上臂部放射,肩部外展时疼痛明显,做肩部由外旋迅速内旋的鞭打、扣杀动作时,疼痛会加重。

(3)预治措施:认真做好准备活动,注意劳逸结合,运动1~2小时,要休息10~20分钟,特别要控制好单一动作的训练时间;加强肩、上肢及胸部肌肉的锻炼;仔细分析技术动作,严格按动作要点进行。肩关节损伤后,应停止运动,并进行冷敷,24小时后可进行按摩、理疗、针灸、中药外敷等,也可适当做些肩部柔软性练习。

4.腰部损伤

(1)病原:乒乓球运动虽然强度不大,但人们在运动过程中需要反复挥拍,此时脊柱会频繁旋转,棘间韧带离旋转中心轴较远,受到的扭转力较大,因此很容易受到损伤;同时,腰椎在运动过程中前屈后伸,棘间隙也会随之增大或缩小,进而不断牵拉或挤压棘间韧带,造成韧带蜕变,引发腰部酸痛、胀痛等症状。也有许多练习者运动后不注意放松,致使局部过度疲劳,以致劳损。

(2)症状:轻伤者当时常无痛感,运动后或次日起床时才感到疼痛。损伤在骶髂部,疼痛可放射到大腿内侧或小腿外侧,腰部及伤侧下肢活动功能将受影响。

(3)预治措施:运动前充分做好准备活动,提高肌肉的力量和协调性;练习时注意力高度集中,及时纠正技术动作上的缺点和错误;要加强腰腹肌的力量锻炼,增强肌肉韧带的伸展性;合理安排运动量,避免在疲劳情况下练习腰部的高难动作。损伤较轻,一般减少或停止活动,1~2天后可按摩、拔罐、远红外线照射、贴药膏等。损伤严重时,需要绝对卧床休息,在医生指导下系统治疗。

5.膝关节损伤

(1)病因:打球时,膝关节始终处于半屈位,关节周围韧带处于紧张和牵拉状态,在突然过度牵伸时,比较容易造成膝关节内外两侧副韧带的运动损伤。

(2)症状:膝关节活动时,有痛感,出现少量积液且肿胀。严重时,特别是半月板损伤,会影响行走或做动作。

(3)预治措施:练习前要认真做好准备活动,提高肌肉的力量和协调性;疲劳时避免剧烈的运动或减少运动量和动作难度;加强下肢肌肉的力量练习,提高关节的稳定性和灵活性;合理安排运动量。急性期,有炎症,应制动、消炎、止痛;慢性期,可采用按摩、理疗、外敷中药等措施。若症状严重,肿胀明显,妨碍活动,应进行手术治疗。

6.踝关节扭伤

(1)病因:由于外踝韧带较内踝韧带长,且内侧副韧带比外侧副韧带坚实,故此,踝关节在内翻活动时易引起外侧副韧带的损伤甚至撕裂。尤其当地面较湿,脚步移动范围过大时,极易产生损伤。

(2)症状:伤足无法活动或不敢着地,外踝明显肿胀、疼痛及压痛,皮肤可因皮下出血而变为青紫色。

(3)预治措施:运动前充分做好准备活动,提高肌肉的力量和柔韧性;注意地面的湿度,合理选择运动服装,特别是运动鞋;平时加强下肢及踝部肌肉的力量练习,提高关节的稳定性和灵活性。受伤后,马上用冷水冲,抬高伤肢,减轻肿胀。随后用绷带以适当的力量包扎,达到止血防肿的目的,24小时左右松绑,48小时后可以进行按摩、热敷等物理治疗,其后可以逐渐进行功能恢复性锻炼。

 知识拓展

心肺复苏

心肺复苏是对心肺呼吸骤停的伤病员进行的一种急救措施。心搏骤停是指由各种原因引起的,在未能预计的情况和时间内心脏突然停止搏动,从而导致有效心泵功能和有效循环突然中止,引起全身组织细胞严重缺血、缺氧和代谢障碍的症状,如不及时抢救复苏,4~6分钟后会造成患者脑和其他人体重要器官组织的不可逆的损害,严重时会丧命。须及时采取正确有效的复苏措施,为挽回心搏骤停伤病员的生命而赢得最宝贵的时间。

1.意识丧失判断要领

首先判断有无意识丧失:拍打双肩,凑近耳边大声呼唤,如呼唤无反应,应检查有无呼吸(掐人中穴或其他部位),如均无反应,则确定为意识丧失。其次高声呼救:如确定患者意识丧失,应立即大声呼救:"来人啊! 救命啊!"同时按应急预案程序进行,请求旁人拨打120急救电话,同时请第一目击者在病人身旁并开始徒手心肺复苏的救助。

2.抢救的体位要求

呼救的同时,应迅速将病人摆放在平整的地面而成仰卧位,翻身时整体转动,保护颈部、身体平正,无扭曲。

3.徒手开通气道

首先清理口腔,将伤病员的头偏向一侧,用手指探入口腔,清除分泌物及异物,然后压头抬下颌,使头部后仰,解除舌根后坠对气道的压迫,后仰程度为保持下颌、耳郭的连线与地面垂直,动作轻柔,防止颈部过度伸展、压迫气道。

4.人工呼吸

实行口对口呼吸法:患者仰卧,头部后仰,托起下颌,捏住鼻孔,吹气时不能漏气,

连吹两次,每次吹气量为 400～600 毫升,吹气持续 2 秒,以患者胸部抬起为宜,每分钟约 10～18 次,直至患者恢复自主呼吸。

5.胸部按压

按压位置:胸骨中线下 1/2 交界处。

按压要领:采用跪姿,双膝置于病人体侧并与肩部平行位置,双臂绷直,肘关节不得弯曲,双臂形成一条线,与患者胸部垂直,用上半身重量垂直往下压,下压快,放松时缓慢,手掌根部始终紧贴胸部,放松不离位。

按压频率和深度:频率为 100 次/分,深度为胸骨下陷 5 厘米处。胸部按压和人工呼吸交替进行,比例为 30∶2。

学以致用

1.乒乓球运动的特点有哪些?

2.乒乓球运动的主要锻炼价值有哪些?

3.乒乓球运动的锻炼方法有哪些?

4.踝关节扭伤的处理方法有哪些?

第三章　乒乓球运动的基本理论

应知导航

　　理论来源于实践,又反过来指导实践。学生通过本章的学习,对乒乓球的基本术语、球拍的种类和性能、场地和器材设备规格等与乒乓球有关的一些概念有了清晰的认识,有助于乒乓球的技术掌握。

第一节　基本术语

一、球台

　　1.比赛台面:球台的上层表面叫比赛台面。

　　2.边线:球台两侧与球网垂直的白线称为边线,线宽2厘米。

　　3.端线:球台两端与球网平行的白线称为端线,线宽2厘米。

　　4.中线:球台中央与边线平行的白线称为中线,线宽3毫米。

　　5.左半台和右半台(又称1/2台):通常是指击球范围,其左右方向是对于击球者而言(见图3-1)。

　　6.2/3台:是指击球范围占球台面积的2/3,左侧为左1/3台,右侧为右2/3台(见图3-2)。

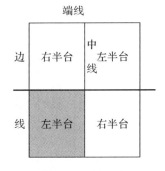

图 3-1　1/2 球台

图 3-2　2/3 球台

二、站位距离

近台:站位在离台 50 厘米以内的范围。

中台:站位在离台 70 厘米以内的范围。

远台:站位在离台 100 厘米以外的范围。

中近台:介于中台与近台之间。

中远台:介于中台与远台之间(见图 3-3)。

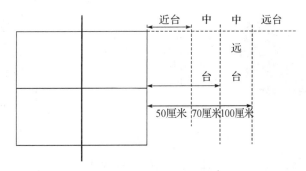

图 3-3　站位距离

三、击球时间

击球时间是指球拍击球的早晚,一般根据来球在本方台面弹起后飞行的不同阶段,大致可分为 3 个时期(见图 3-4)。

上升期:球从台面反弹上升到接近最高点的这一段时间,这段时间又可分为上升前期和上升后期。

高点期:指球反弹到最高点的这一段时间。

下降期:指球从最高点下降至遇到障碍物的整段时间,这段时间又可分为下降前期和下降后期。

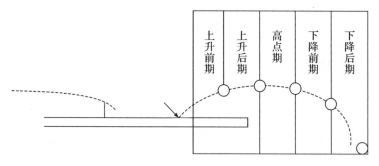

图 3-4 击球时间

四、击球部位

击球部位是指球拍触球时,先接触球体的这一部位。为了便于说明球拍击球时接触的球的部位,现按钟表的圆盘刻度将球划分为六个部位(见图 3-5)。

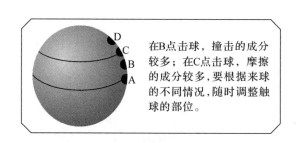

在B点击球,撞击的成分较多;在C点击球,摩擦的成分较多,要根据来球的不同情况,随时调整触球的部位。

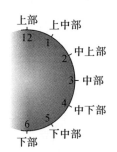

图 3-5 击球部位

球拍击球的上部:球拍在接近 12 至 1 点的部位触球。
球拍击球的中上部:球拍在接近 1 至 2 点的部位触球。
球拍击球的中部:球拍在接近 3 点的部位触球。
球拍击球的中下部:球拍在接近 4 至 5 点的部位触球。
球拍击球的下部:球拍在接近 6 点的部位触球。

时间与速度

打乒乓球的时间,每秒钟可击球 2～3 次。正手攻球只需 0.15 秒就可到达对方台面,平均球速达到每秒钟 20 米。

光反应速度,乒乓球运动员为 0.14 秒,篮球运动员为 0.162 秒,一般健康人为 0.3 秒。从中可以看出,打乒乓球能提高人们对外部刺激的反应速度。

五、击球路线

乒乓球的击球路线是指球在球台上空的飞行路线,习惯上以击球者的正常站立方位为准,可分为 5 条基本路线(见图 3-6)。

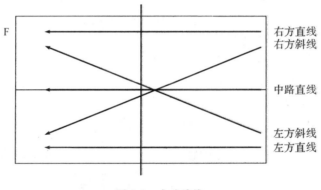

图 3-6　击球路线

右方直线:又称正手直线。

右方斜线:又称正手斜线。

中路直线:又称中路追身球。

左方斜线:又称反手斜线。

左方直线:又称反手直线。

六、击球点

击球点是指击球时,球拍与球接触瞬间的那一点所属空间的位置,对于击球者所处的相对位置而言,包括 3 个因素:

1.击球时,球处于身体的前后位置。

2.击球时,球和身体的远近距离。

3.击球时,球的高低位置。

因此,击球点是和击球者、球台以及击球时间紧密联系在一起的。选择击球点应有利于发力,步伐要到位。

七、短球、长球和追身球

1.短球指近网球,即球的落点靠近球网。

2.长球指落点在底线区的球,落点高,接近端线。

3.追身球指落点在距击球者站位最近的台面位置的球(见图 3-7)。

八、拍形

拍形包括拍形角度和拍面方向。

（一）拍形角度(见图 3-8)

拍形角度指击球时拍面、台面及其延长线所形成的角度。

1.角度小于 90 度时,称为前倾。

2.角度接近 90 度时,称为垂直。

3.角度大于 90 度时,称为后仰。

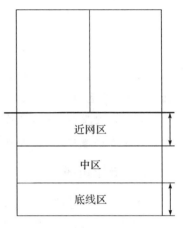

图 3-7　球台区域

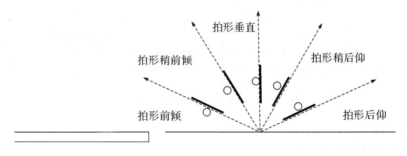

图 3-8　拍形角度

（二）拍面方向

拍面方向指击球者击球时拍面所朝的方向。拍面向左时,击球的右侧;拍面向右时,击球的左侧;拍面向前时,击球的后部。一般情况下,根据来球和自己的站位,拍面有可能偏左或偏右,那么击球的部位也应偏右或偏左。

九、触拍部位

触拍部位是指用拍的什么部位击球。一个球拍可分为拍柄和拍身两部分,拍身又可分为拍面和拍身边缘。可把整个拍面分为左侧、右侧,近拍柄处为近区,离拍柄远处称远区,二者之间称中区。运用不同的技术,触拍的部位会有所不同。

十、发力方向与发力方法

发力方向指击球时向哪个方向发力。发力方向不同,球的落点不同。

发力方法是指球拍与球接触的瞬间,击球者用力的方法。发力方法一般分为三种:

1. 一种是打,即球拍的力作用于球体的轴心或轴心处。特点是力量大、速度快。

2. 摩擦,即球拍用力作用远离球体轴心,打与摩擦是很难区分的,没有单纯的打,也没有单纯的摩擦,只是占的比重不一样。摩擦的特点是旋转性强。

3. 借力和减力,借力是借助来球方的力量反弹回球;减力是利用球拍缓冲的动作,也就是向后"收"一下,减弱来球的反弹力,特点是用力灵活。

第二节　乒乓球技术的五要素

飞行弧线、击球速度、击球力量、球的旋转和球的落点被称为击球五要素,这五要素的关系是相互联系、相互促进、相互制约、相互补充。乒乓球技术质量的高低取决于五要素掌握的程度。因此,初学者在学习乒乓球技术时,首先应理解和掌握这五要素的基本概念和运用方法,这样才能尽快学习、掌握、提高乒乓球技术。

一、球的弧线

乒乓球的运行特点是以一定的弧线形式表现出来的。乒乓球被击中后沿着一定的运行轨迹飞行,这条轨迹就称为球的弧线(见图3-9)。球的弧线包括弧线长度、弧线曲度、弧线方向和打出距离几个部分。弧线长度是指球拍触球点到落点之间,球在空中飞行轨迹的长短。弧线曲度是指球拍触球点到落点之间,球飞行弧线的弯曲度。其弧线受球台的长度、球网的高度和球台的宽度所限制。打出距离是指弧线从起点到落点在台面上的距离(见图3-9)。

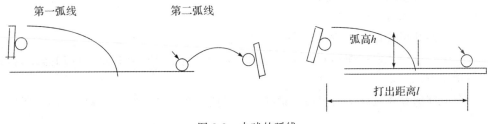

图3-9　击球的弧线

（一）影响乒乓球运行弧线的因素

1.球的出手角度：球拍击球后球在离拍时与水平面的角度。而决定出球角度大小的主要因素有：拍形角度和击球部位。击球上部、中部、下部或拍形前倾、后仰，这些都对球的弧线有影响。

2.击球的用力方向和发力大小：击球的用力方向对球飞行轨迹的高低和击球点到球落台的距离都是有直接影响的。在用力方向相同的情况下，发力大，球速快，球的飞行弧线会增高，球的落点会拉长。在打出距离相同的情况下，发力越大，球的飞行弧线就会越低。

3.球的旋转：上旋球的弧线弯度相对较大，缩短击球点到落台点的距离；而下旋球弧线弯度相对较小，击球点到落点的距离会加长；左侧旋球会使球的弧线向右偏移；右侧旋球会使球的弧线向左偏移。

（二）还击各种来球对飞行弧线的要求

在乒乓球的练习或比赛中，根据不同情况，处理各种来球，制造飞行弧线。

1.不同击球点击球：还击近网高球时，弧线高度要小，打出距离要短；还击远网高球时，弧线高度稍小，打出距离要长；还击近网低球时，弧线高度要大，打出距离要短；还击远网低球时，弧线高度稍大，打出距离要长。

2.不同时间击球：上升期击球时，在制造弧线时，曲度不宜过大，打出的距离不宜过长，以免回球出界；高点期击球时，回球的弧线有一定的曲度即可，控制好打出的距离；下降期击球时，回球弧线的曲度要大一些，以免回球不过网。

3.回击各种不同旋转的球：回击上旋球时，要压低弧线的曲度，以免击出高球；回击下旋球时，要制造弧线，以免回球下网；回击对方打来的右侧旋球时，拍面方向应偏右一些，以免回球从左侧边线出界；回击对方打来的左侧旋球时，拍面方向应偏左一些，以免回球从右侧边线出界。

二、球的力量

（一）击球力量是指球拍对球的作用力

击球的力量取决于击球瞬间的挥拍速度。力量越大，球的飞行速度越快；摩擦力量越大，球能获得的旋转速度就越快。

（二）加大击球力量的方法

1.击球前利用快速的步伐移动，抢到合理的站位。

2.必须在球拍从迎球挥拍到击中球这一段时间向前挥拍，要有足够的加速距离，这样才便于发力。

3.在击球前要通过球拍后引使手臂的部分肌肉得到拉长，这样击球时有利于肌肉的快速收缩。

4.尽可能加快挥拍速度,在加速距离和用力方向相同的情况下,加快挥拍速度,就能增大击球力量。

5.击球时要充分发挥全身各部分肌肉的协调用力,配合转体,使上臂、前臂、手腕和腰部、腿部等动作在挥拍过程中所发挥出来的合力,集中用在击球上。

6.掌握发力时机。发力过早或过迟都会使力量消耗,要把力量用在最佳击球时。

7.经常进行体能锻炼,发展力量素质,提高击球的爆发力。

三、球的速度

(一)乒乓球运动具有快速和多变的特点

速度是指从对方来球落到我方台面开始到弹起后被我方球拍回击,又落到对方台面的快慢。涉及击球所需时间和球在空中飞行的时间。

(二)加快击球速度的方法

1.击球时站位靠近球台,缩短击球的距离,加快回球速度。

2.击球瞬间出手摆速要快,加快球在空中的飞行速度。

3.在上升期击球可以"借力",也能缩短击球间隙的时间,加快回球速度。

4.击球时作用力接近球心,少用摩擦,可以减少球的旋转,同时发力方向尽可能向前一些。

5.加快反应和脚步移动的速度。反应快才能判断快、出手快、移动快,才能迅速到位,争取时间进行有力回击。

四、球的旋转

旋转是乒乓球运动中一个十分重要的技术因素。在比赛中,利用旋转变化争取主动已成为重要的得分手段之一。掌握好复杂的旋转变化规律,对提高击球质量、增加战术种类有重要意义。乒乓球在运动过程中只有旋转的快慢之分,没有绝对的不转球。没有明显旋转的球叫不转球,有明显旋转的球叫转球,旋转速度强烈的球叫加转球。

(一)产生旋转的原因

击球时,如果力的作用线 F 恰好通过球心,球只能具有一定的前进速度,而不带有任何旋转(见图 3-10)。击球时,如果用力方向不通过球心,而是和球心有一定的垂直距离,球就会旋转。球心与力的作用线保持一定的垂直距离,即力距。力距越大,球的旋转速度越快(见图 3-10)。

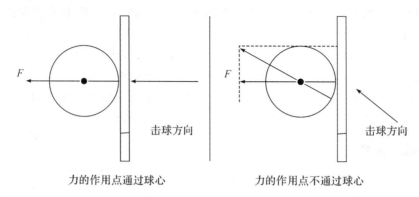

力的作用点通过球心　　　　　　力的作用点不通过球心

图 3-10　击球方向

（二）乒乓球旋转的分类

乒乓球的旋转一般可分为上旋、下旋和侧旋。为了便于了解乒乓球旋转的一般规律,采用 3 个最基本的旋转轴加以分析。

1.左右轴:它是通过球心与乒乓球飞行方向相垂直的轴。球绕此轴向前旋转为上旋球,即击球时向上用力,且用拍向前上摩擦球体为上旋球。用拍平挡此球时,球的反弹向上,球绕此轴向后旋转为下旋球,即击球时向前下用力,且用球拍向前下摩擦球体为下旋球。用拍平挡时,球的反弹方向向下（见图 3-11）。

图 3-11　球的上下旋转

2.上下轴:它是通过球心与台面相垂直的轴。球绕此轴旋转为侧旋球。根据击球者的方位,击球时,球拍从右向左摩擦球体产生的旋转球叫左侧旋球。用拍面平挡此球时,球向击球方的右侧反弹。击球时,球拍从左向右摩擦球体产生的旋转球叫右侧旋球。用拍面平挡此球时,球向击球方和左侧反弹（见图 3-12）。

图 3-12　球的左右旋转

3.前后轴:它是通过球心与球的飞行方向相平行的轴。球绕此轴按顺时针方向旋转为顺旋球,按逆时针方向旋转为逆旋球(见图 3-13)。

图 3-13　球的顺逆旋转

(三)增加击球旋转的方法

1.发球时注意手腕的力量,不是动作大旋转就强,在球拍接触球的一刹那用手腕的力量增加旋转。

2.尽量使力的作用线远离球心,加长力臂,增大摩擦力。

3.增大击球的力量,也可以增大摩擦力。

4.用球拍的远端击球,加强旋转。

5.选用黏性较好的球拍,增大与球之间的摩擦力。

6.击球瞬间向斜上(上旋)或斜下(下旋)发力就可使球产生特定旋转。

7.借用来球的旋转。加快击球瞬间的挥拍摆速,如果球拍的击球瞬间速度超过拍触球时球本身旋转的线速度,就可增强回球的旋转强度。

(四)如何对付旋转球

1.首先,接发球的前提是对来球进行判断。一般来说,球路飘忽的是下旋或侧下旋,沉稳的是上旋或侧上旋,对方发球一般会注意隐蔽性,用一种姿势发不同的旋转球,所以判断球的旋转方向很重要。

2.接的时候看球往哪个方向飞,你就将球拍往相反方向压,力度就得靠长时间的练习才能把握了。如果是下旋你就搓来回击。击球的部位、时机和球拍倾斜的角度也得靠练习才能很好地把握,如果是上旋球就容易接球,可用推挡,可直接快带,也可扣杀。

3.接上旋球:用反手推挡(拨)向前或正手冲扣接发球时,拍形要前倾,多向前下方用力并根据旋转的强弱来加大或减小拍形前倾和向前用力的程度,用搓球、削球接发球时,要将拍多竖起向下用力削。如果要加转削球,可离台远一些再接触球,并且增加向前用力的力度。总之,无论用什么手法都要注意控制住来球的前冲,以免接发球出界。

4.接下旋球:用搓球、削球接发球时,要使拍多后仰一些,多向前用力,并根据来球旋转的强弱增大或减小拍形后仰及向前用力的程度。用反手推挡接发球时,拍形要先后仰,以便接触球的中下部,击球时,前臂外旋用力,同时伸肘,向前上方用力。用冲或拉接发球时,要加力向上挥拍。用扣杀接发球时,要用拉扣结合(先拉后扣)的手法。总之,无论用什么手法,都要控制来球下旋坠力,以免接发球下网。

5.接左侧旋球：无论用什么手法接发球，都要注意控制来球不向球台的右边（指接发球一方）飞出。如接对方发来的直线球，则接发球要使拍接触球的中后部。如接对方发来的斜线球，就要使拍接触球的中部偏右，对方发球的左侧旋越强，拍接触球的部位越要注意偏向右边。

6.接右侧旋球：同接左侧旋球的方向正相反。接直线球时，接触球的中部偏左，才能使拍控制住球，不向台边飞去。

7.接左侧上旋球和左侧下旋球：接左侧上旋球时，要使拍接触球的偏右中上部，这样，在控制了左侧旋转力的同时，又控制了球的前冲力。接左侧下旋球，要使拍接触球的偏右中下部，这样，在控制了左侧旋转球的同时，又控制了发球的下旋坠力。

8.接右侧上旋球或右侧下旋球：回接右侧上、下旋球时，要使拍接触球的偏左中上部或偏左中下部。这样，在控制了右侧旋转力的同时，也控制了上旋（或下旋）力。

五、球的落点

乒乓球的落点是指球的着台点，即击出的球到对方台面弹起的那一点。击球点与着台点之间的连线叫击球路线。研究乒乓球的落点和击球路线对于提高击球质量和增强战术效果是十分重要的。

（一）乒乓球落点的运用

1.扩大对方移动范围，落点离对方站位越远，对方移动的范围就越大。短球越近网，越能迫使对方上步接球；长球越近端线，越能迫使对方后退接球。拉大长短的距离，就能扩大对方前后移动的范围。通过左、右两大角的变化，扩大左、右两大角的距离，就可以迫使对方大幅度地移动。

2.增加对方让位的难度。攻追身球，落点越接近对方身体，对方就越难让位。迫使对方难以发力，增加对方让位击球的难度。

3.攻击对方的弱点，紧盯对手技术薄弱环节，哪里弱就往哪里打。例如对方反手弱就压反手，中路差就逼中路。

4.回球落点与对方所判断的方向及步法移动的方向相反，效果最好。

（二）提高落点控制的方法

1.灵活的移动步法，根据来球的球路和落点选择好站位。

2.挥臂的方向、用力的大小、击球时间的早晚、击球的弧线、拍形的控制等都直接影响到击球的线路和落点。

3.加强手腕的灵活性，提高手指、手腕控制球的能力，才能把球路和落点控制好。

4.变换击球路线，如一点打多点，多点打一点。逢斜变直，逢直变斜，长短球练习等。

第三节　乒乓球击球环节和动作结构

一、击球的基本环节

准备、判断来球、移动步法、挥拍击球、迅速还原,是打乒乓球的 5 个基本环节。乒乓球比赛的关键是击球质量和落点,好的击球质量以准确的判断和落点为基础,判断对方对球摩擦的方向、旋转和快慢。因此,初学者必须掌握这 5 个基本环节,才能做出正确的反应和击球动作,保证质量。

（一）准备姿势

准备姿势主要是指站位的选择,对于乒乓球的快速飞行,必须在身体姿势和心理方面都做好前期准备。

（二）判断来球

正确地判断来球是决定步法移动和击球技术的前提。主要判断的是来球的路线、落点、旋转的性质及强度、力量的大小和速度的快慢。

1.判断来球路线:从对方击球时拍面的方向判断来球的路线。如对方在正手一侧击球,球拍触球时拍面正对自己的右角,一定是斜线;拍面正对自己的左角,则为直线球。从来球通过网顶的某一部分来判断来球路线。如对方在正手一侧击球,球从网的左边飞来,则为直线球;球从网顶的中部飞来,则为斜线球。根据自己打出的落点,预先判断来球路线。如反手重压对方反手斜线大角度球,对方便很难回击直线球。

2.判断来球的旋转性质:根据对方击球时挥拍发力方向和摩擦球的部位来判断来球的旋转性质。对方由上往下挥拍击球为下旋转球;由下往上挥拍击球为上旋转球;由左(右)向右(左)挥拍击球为右(左)侧旋;由左(右)向右(左)下方挥拍击球为右(左)侧下球。

3.根据对方挥拍击球时动作幅度的大小和挥拍速度的快慢来判断来球速度、力量和旋转的强弱以及落点的长短。对方挥拍幅度大,挥拍速度快,摩擦"薄",则来球旋转强,反之则弱。

4.根据对方来球的飞行轨迹、飞行的方向判断来球的落点。

5.根据对方运用的击球技术手段判断其战术意图。

（三）移动

移动步法以对来球的事先估计及实际判断为依据,以自己准备采用的击球方式为要求,以抢占有利的击球位置为目的,迅速移动位置,保持合理的击球点。为此,移动的距离越短越好,移动的速度越快越好,移动的方法和击球的手法越一致越好。步法移动的灵活性和移动的合理性在乒乓球运动中非常重要,灵活的步法可保证还击的质量,移动的合理性不但有利于击球,而且不妨碍下一次的移动。

（四）击球

在判断准确、移动迅速的基础上，才能很好地完成挥拍击球动作。根据来球的力量、速度和旋转性能，果断地确定自己还击的方法和方向，这是还击来球的重要环节。挥拍击球时还要考虑击球点、击球时间、击球部位、触拍部位及发力方向。

（五）还原

迅速还原指的是挥拍击球后球拍的还原、身体重心的还原和基本站位的还原，以便为下一次击球做好准备。

以上是乒乓球击球技术中重要的 5 个环节，它们密切联系，缺一不可。在比赛中，任一环节处理不好，都会造成失误。

二、动作结构

乒乓球的技术很多，打法多种多样，但在动作结构上有一个共同点，即每一个动作都由引拍动作、击球动作和结束动作 3 个阶段组成。

（一）引拍动作

引拍是挥拍击球前的准备动作，引拍动作的到位与合理，是控制球旋转、速度、力量、落点、弧线的保证。引拍以腰带手，大臂要固定在腰侧，随肩摆动，不可主动后拉，小臂放松，夹角约 110 度，也不可以把手伸直。重心移动到右脚，上半身保持直立姿势，随着臀部往右脚移动，身体水平平移，不可以往右蹲下，否则会造成身体右倾。引拍高度应该在桌面上，不可以把球拍放到桌面下。手不能后甩，不能甩至屁股后面。引拍时，拍面应该就要往前压，迎向击球点的垂直面积要够大。如对方拉过强烈上旋的弧圈球来，应高手引拍，并及时向前迎（不要等球，更不能有向后的拉拍动作）；对方来球下旋且低，应低手引拍；对方来球很快，应减小引拍动作幅度，加快引拍速度；来球慢且高，应适当加大引拍幅度，以利于加力抽杀。

（二）击球动作

击球动作包括向前挥拍和击中来球的整个过程，这个过程决定了击球的质量。击球动作与引拍是一个连贯过程，没有明显界线。

击球支线任务首先要决定拍面的朝向，拍面朝向决定了击球的路线和触球部位，也决定着身体朝向。

（三）结束动作

击球任务是从球击出后到还原的过程。由发力顺序、发力方法，以及击球时间和击球点位置等组成。在整个击球过程中，全身的协调配合和手臂的动作尤为重要。

由于惯性的作用，球虽然被打出，但随着击球动作的结束，不仅要迅速收回球拍，并且还应将脚步收回，使身体重心恢复平衡，以利于准备下一次击球。这种板与板的连接通过还原来实现，从而保证击球的质量和连续性。

第四节　球拍的种类和性能

球拍是打球的主要工具,乒乓球技术的不断发展促进了球拍的改革,而球拍的改革又推动了乒乓球技术的发展。球拍的种类不同,性能也就不一样。常用的球拍主要有如下几种。

一、正胶海绵拍

这种球拍在底板与胶皮之间夹一层海绵,海绵连同胶皮总厚度不超过 4 毫米。

性能:击球时稳定性较好,反弹力较强,速度快,力量大。但缺乏黏性,摩擦系数不如反胶大。使用正胶海绵拍的运动员,不仅在技术上应擅长攻打,还必须在心理上胆大、果断。用正胶攻的球向下沉,对方不易适应。

二、反胶海绵拍

这种球拍是将胶皮上有颗粒的一面反贴在海绵上。

性能:反贴胶皮表面平整、黏性大,能制造强烈的旋转,但回球速度较慢。能"吃"住球,击球速度不如正胶快,回击对方的旋转球时易"吃"转。

三、防弧海绵拍

这种球拍是在一种结构松、弹性差的海绵上反贴一种黏性小并有些发涩的胶皮。

性能:防弧胶皮的胶齿较短,底皮厚而硬、无黏性,弹力和摩擦力都很小。可以减弱弧圈球的强烈上旋,增强控球的能力,但这种球拍也减弱了自身击球的旋转强度和速度。

四、生胶海绵拍

这是一种用生胶皮正贴在海绵上,胶粒较大,齿长在 0.8~1 毫米,含胶量比普通正胶大的球拍。

性能:反弹力强,回球速度快,拍面与球的摩擦力较小,击球快而旋转较弱,击出的球有下沉现象。该种球拍制造旋转效果的能力较差。

五、长胶胶皮拍

胶粒向外,齿长超过 1.6 毫米,胶质柔软的颗粒胶叫长胶。

性能:长胶拍主要依靠来球的旋转强或冲力大来增加回球的旋转强度。在回击对方的轻拉球或不转的搓球时,多为不转球;接对方的加转弧圈球或突击球,回球呈强烈下旋；接对方的下旋发球或搓球时，回球上旋；对方来球旋转越强、力量越大，回球的反向旋转亦越强烈。用长胶拍发过去的球几乎不产生旋转，击球速度不快。长胶拍比普通胶皮拍更难控制。

第五节　场地和器材设备规格

一、比赛场地

比赛场地，在乒乓球竞赛规则中称为"赛区"。赛区空间不少于 14 米长、7 米宽、5 米高；赛区应由 75 厘米高的同一深色的挡板围起，将相邻的赛区及观众隔开；场地四周一般应为暗色，不应有明亮光源，如从未加遮盖的窗户等透过的日光；地板颜色不能太浅或反光强烈或打滑，而且表面不得为砖、水泥或石头。

二、比赛器材

1. 球台

球台的上层表面叫比赛台面，应为与水平面平行的长方形，长 2.74 米，宽 1.525 米，离地面高 0.76 米，它被一个与台面端线平行的垂直球网划分为两个相等的台区。双打比赛中，各台区应由一条 3 毫米宽的白色中线，划分为两个相等"半区"，中线应被视为右半区的一部分（见图 3-14）。

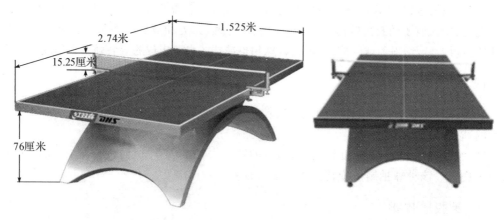

图 3-14　球网装置

2. 球网装置

球网装置包括球网、网柱、悬网绳及将它们固定在球台上的夹钳部分。球网长 183

厘米,球网距离台面 15.25 厘米。

3.球

乒乓球应用赛璐珞或类似的塑料制成,呈白色或橙色,且无光泽。球重 2.7 克,直径为 40 毫米。一只标准的乒乓球,从 30 厘米高处垂直落下,落到一张标准的乒乓球台上,第一次应弹起 23 厘米(见图 3-15)。

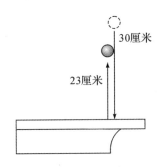

30厘米

23厘米

图 3-15　球弹起高度

4.球拍

球拍的大小、形状和重量不限,但底板应平整、坚硬。底板厚度至少应有 85% 的天然木料。用来击球的拍面应用一层颗粒向外的普通颗粒胶覆盖,连同黏合剂,厚度不超过 2 毫米;或用颗粒向内或向外的海绵胶覆盖,连同黏合剂,厚度不超过 4 毫米。覆盖物应覆盖整个拍面,但不得超过其边缘。靠近拍柄部分以及手指执握部分可以不予覆盖,也可用任何材料覆盖。底板、底板中的任何夹层以及用来击球一面的任何覆盖物及黏合层均应为厚度均匀的一个整体。球拍两面不论是否有覆盖物,必须无光泽,且一面为鲜红色,另一面为黑色。比赛开始前及比赛过程中,运动员需要更换球拍时,必须向对方和裁判员展示他将要使用的球拍,并允许他们检查。

知识拓展

空间感

如果你是右手握球拍,那么,当球飞向你身体的右边时,我们习惯称之为来球到你的"正手位";反之,当球飞向你左边,就是到你的"反手位"。如果球直接飞向你的身体呢?这就是到了你的"中路",或称之为"追身球"。

乒乓球

学以致用

1. 击球时间分为哪几个时间段？击球部位指球的哪几个部位？
2. 乒乓球击球路线有哪些？
3. 乒乓球的"赛区"有哪些规定？
4. 乒乓球击球环节和动作结构包括哪几方面？

第四章　乒乓球运动初级教与学

应知导航

　　本章内容主要是针对初级学生所设计，也为中级、高级打下良好的基础。内容包括乒乓球基本理论及裁判知识，推、攻、搓、发、接基本技术的动作要领及练习方法，简单的乒乓球战术等。通过本章的学习，学生将掌握一种正确并且适合自己的握拍法，学会准备姿势、脚步的移动及乒乓球运动的基本技术后，可快速入门。再学会乒乓球实战的起点（发球和接发球），就可以开始在简单的比赛中寻找属于自己的乐趣。

第一节　乒乓球的握拍法

一、握拍法的种类

　　握拍方式是所有乒乓球技术的起点，既要与打法风格相匹配，又须有利于手臂、手腕和手指的灵活运用。目前，世界上流行的握拍法有两种：一是直握拍；二是横握拍。不同的握拍法，各有不同的优缺点，从而产生了各种不同的打法。不同的握拍方法和不同的打法在世界乒坛上各占有其一定的地位，因此在我国开展乒乓球运动的过程中，既发展横拍，又继承直拍，有利于两种握拍相互促进，不断提高乒乓球运动技术。

二、握拍法的特点与动作要领

　　1.直拍握法

　　特点：直拍握法的优点是正反手都用球拍的同一拍面击球，出手快，正手攻球快速、有力，攻斜线、直线球时，拍形变化不大，对手不易判断，便于从速度、球路和力量上取得主动，手腕动作灵活，发球可做较多变化。

直拍握法的弱点是反手(正面)攻球因受身体阻碍,较难掌握,防守时,照顾面积相对较小,因此跑动多,体力要求高。目前,直拍的握法可分为快攻和弧圈两种。但随着技术的发展,快攻与弧圈的结合日益紧密,因此,两种握拍法之间的界限也渐趋模糊。

(1)直板快攻型握拍法

动作要领:拍前,以食指第二指关节和拇指第一指关节扣拍,拍后,三指弯曲贴于拍的 1/3 上端。这种握拍法,简称中钳式(见图 4-1)。

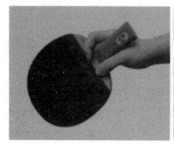

| 直板快攻(拍前) | 直板快攻(拍后) | 直拍横打握拍法 |

图 4-1 直拍握拍法

(2)弧圈类握拍法

动作要领:拍前拇指紧贴拍柄左侧,食指扣住拍柄形成一个环状紧握拍柄,拍后三指自然微屈,用中指第一指节顶住拍后的中部。

(3)直拍削球握拍法

动作要领:大拇指弯曲,紧贴拍柄的左侧,用力下压,其余四指自然分开托住拍的后面。正手削球时,尽量使球拍后仰,减少来球冲力,反手削球时,拍后四指灵活地把球拍兜起,使拍柄向下。

2.横拍握拍法

特点:横拍握拍法的优点是正反手攻球力量大,反手攻球不受身体阻碍,容易发力,也便于拉弧圈,攻球和削球时握法变化不大。

横拍握拍法的弱点是在反击左右两面来球时,需变换击球拍面,但动作太大会影响摆臂速度,如攻斜线、直线时要及时调节拍形,避免幅度过大,容易被对方识破。

动作要领:虎口贴拍,食指在拍前,拇指在拍的后面,这种握法又称为八字式。正手攻球时,食指稍向上移动;反手攻球时,拇指稍向上移动(见图 4-2)。

图 4-2　横拍握拍法

三、握拍的技术关键

1.无论哪种握法,握拍都不应过紧或过松。过紧会使手腕僵硬,影响发力时的手腕动作,过松则影响击球力量和击球的准确性。

2.直拍不能吊腕,横拍不能把拍头翘起。

3.握拍不宜太浅。直握时,食指和拇指构成的钳形不能过大或过小,以免影响手腕动作的灵活性。

4.在变换击球的拍面、调节拍面角度时,要充分利用手指的作用。

四、握拍的教学内容及练习方法(见表 4-1)

表 4-1　握拍的教学内容及练习方法

编号	教学内容	练习方法
1	建立握拍的概念	讲解、示范两种握拍
2	徒手及握拍练习	徒手模仿直拍和横拍的握拍(教师检查初学者握拍时各手指位置及用力情况)
3	练习中检查握拍情况	两人一组做若干次正、反手推挡后,互相检查、纠正握拍动作
4	观看录像	观看优秀选手握拍技术录像,两人一组练习时互相纠正其动作

第二节　乒乓球运动的站位与准备姿势

一、站位与准备姿势的种类

准备姿势就是在比赛中适合自己打法的基本站位和身体姿势,为步法移动所服务,为加快起动、提高击球准确性而创造条件。运动员在还击每一个来球之前,应当使身体保持正确的准备姿势,选择合理的击球位置,才能及时、正确地还击。有了准备,就能恰当地应付各种复杂的局面。由于乒乓球有不同的类型打法,运动员基本站位也略有区别。初级所要学的**近台快攻打法的基本站位在中台偏左的位置,两面攻的打法基本站位在近台中间。**

二、站位与准备姿势的特点与动作要领

1. 站位

乒乓球运动员的基本站位应当根据个人的不同类型打法来确定。基本站位与个人打法特点相适应,则有助于发挥其技术之所长。可以说,乒乓球运动员站位恰当与否,对技术特长发挥的好坏是有很大影响的。

2. 准备姿势

动作要领:两脚平行(脚尖指向平行)、提踵站立,前脚掌内侧用力着地,两脚间距离比肩稍宽。两膝微屈并稍内扣,上体略前倾,重心置于两脚之间。下颌稍向后收,两眼注视来球。以右手握拍为例,持拍手臂自然弯曲,置于身体右侧,肘略外张,手腕放松,将球拍向左成半横状,使拍形保持自然后仰(见图 4-3)。

球拍置于腹前,离身 20～30 厘米,做到"注视来球,上体微倾,屈膝提踵,重心居中"。

中台站位　　　　　　　　　　　　中台偏左站位

图 4-3　准备姿势

三、站位及准备姿势的技术关键

1. 确定好站位离台距离及两脚距离,做好准备姿势和起动的衔接。

2.身体重心置于前脚掌,便于用力时的蹬、转动作。

3.收腹含胸不等于驼背弯腰,不能绵软无力,而是要保持适度的弹性。

4.要控制好重心,对来球做出快速判断之后及时起动。

 **知识窗**

　　对付乒乓球的快速飞行,必须有一个前期准备,无论从身体或心理上都要进入比赛状态,才能为下个动作做好准备。

四、站位及准备姿势的教学内容及练习方法(见表 4-2)

表 4-2　站位及准备姿势的教学内容及练习方法

编号	教学内容	练习方法
1	建立正确的概念	讲解站位及准备姿势的重要性及动作要领,示范不同打法的站位及准备姿势
2	徒手模仿练习	原地徒手模仿练习(教师检查初学者站位及准备姿势的正确性)
3	听口令进行练习	学生根据教师的手势做向前、后、左、右方向的移动,体会移动后的站位及准备姿势
4	观看录像	观看优秀选手录像,进一步建立正确概念

第三节　乒乓球运动的基本步法

一、基本步法的种类

　　步法是指乒乓球运动员为选择合适的击球位置所采用的方法。乒乓球运动技术包括手法和步法,两者密切联系,缺一不可。从初学乒乓球技术开始,就必须了解和重视各种步法的动作要领及练习方法。初级班所学的步法有单步、跨步和垫步。

二、基本步法的特点应用与动作要领

1.单步

特点及应用:单步具有移步简单、灵活、重心平稳的特点。一般用于离身体不远的小范围移动,在还击近网短球、单步侧身攻、削追身球时常采用此步法。

动作要领:一脚为轴,另一个脚向前、后、左、右不同方向移动,重心随之跟上(见图4-4)。

准备姿势   向右单步   向左单步

图 4-4 单步

2.跨步

特点及应用:跨步移动幅大较大,身体重心起伏也大。应用于近台快攻打法,用来对付离身体稍远的来球,削球选手有时也会用它来对付对方的突然攻击。

动作要领:一脚蹬地,另一脚向移动方向跨一大步,蹬地脚随后跟上半步或一小步,身体重心随即移到跨步脚上(见图4-5)。

图 4-5 跨步

3.垫步

特点及应用:调节击球的姿势。适用于身体还原、重心还原。另外,垫步衔接了下一板,使起动更快。

动作要领:两脚的前脚掌几乎同时上下轻轻跳一下,有时两脚是不离开地面的。垫步可以向前、后、左、右移动,其要点体现在"垫"上,垫的动作幅度只相当于正常步法的半步(见图 4-6)。

图 4-6　垫步

三、基本步法的技术关键

1.好的准备姿势,有利于步法的快速移动。当然,上一板球的还原动作要快。所以,要养成每打一板球就要迅速还原的习惯。

2.要养成一种良好的盯球意识,要盯住球的路线和落点,采用合理的步法。

3.判断和反应要快。步法的快速移动是为击下一板球奠定基础,如果没有准确和及时的判断和反应,也就谈不上有好的步法。

四、基本步法的教学内容与练习方法（见表 4-3）

表 4-3　基本步法的教学内容与练习方法

编号	教学内容	练习方法
1	徒手进行各种步法练习	在移动挥拍练习中重点体会步法与手法的彼此衔接和相互配合
2	结合挥拍动作进行各种步法练习	在移动挥拍练习中重点体会步法与手法的彼此衔接和相互配合
3	听指令进行各种步法练习	根据教师或友伴喊的口令(有时也可以用手势)做出各种相应的步法练习。要求学生能根据口令节奏的快慢进行相应速度的步法移动,培养学生准确判断、迅速移动、步法与手法协调配合的能力
4	1/4 台的走位	配合正手攻、反手挡、正手、反手搓球进行练习

第四节　乒乓球运动的发球技术

一、发球技术的种类

发球技术是乒乓球运动各种类型打法中的重要技术,也是乒乓球比赛第一板先发制人的重要技术。好的发球技术能使运动员在比赛中占据主动。学习发球首先要了解发球的基本规则,之后要掌握抛球与挥拍触球两部分组成的协调动作。本节初级学生需要掌握**平发球**、**正手发奔球**、**反手发急球技术**,以上最基本的发球技术也是将来学习发上、下旋转球技术的基础。

二、发球技术的特点应用与动作要领

1. 平发球

特点及应用:平发球分正手平击发球和反手平击发球两种,特点是一种运动速度慢、力量轻、旋转弱的一般上旋球,是初学者最基本的发球方法,也是掌握其他复杂发球的基础。

动作要领:

(1)正手平击发球:站位于近台中间偏左半台处,抛球的同时右侧上方引拍,小臂带动大臂向前平行挥动,拍形稍稍前倾,在球的下降期击球的中上部向前方发力,使球的第一落点在球台的端线附近(见图4-7)。

图 4-7 正手平击发球

(2)反手平击发球:站位于球台中间偏左处,右脚稍前或两脚平行站立,身体略向左转,含胸收腹,将球从身体左侧方抛起,持拍手向左后方引拍,拍形前倾,在球的下降期击球中上部向前方发力,使球的第一落点靠近端线(见图4-8)。

图 4-8 反手平击发球

技术关键:

(1)抛球要稳定,包括抛球的高度和抛球后球上升与回落的线路稳定。

(2)握拍时虎口不宜过死,以保证手腕手指的灵活性。

(3)左手向上抛球,右手同时向后引拍。

(4)球拍从身体右后方向前挥动,拍形稍前倾,击球中上部。

2.正手发奔球

特点及应用:球速急、落点长、冲力强、球的飞行弧线低。在比赛中,可运用奔球的速度和落点的变化干扰对方,伺机抢攻。

动作要领:站位靠近球台,离球台约35厘米,左脚稍前,身体略向右转。左手掌心托球,置于右侧前方,右手持拍放在身体右侧。左手抛球,右手向右后方引拍,球下落时,前臂迅速前挥,拍面稍前倾,用前臂和手腕发力,击球中上部。击球后,前臂顺势向前挥动,球的第一落点应尽可能靠近本方球台的端线。

技术关键:

(1)拍面角度稍前倾,来球上升期或最高点击球。

(2)发力部位以前臂手腕为主,动作过程中,身体重心从右脚移至左脚。

(3)落台后的第一跳应接近本方台面的端线,弧线要低长。

3.反手发急球

特点及应用:球速快、落点长、冲力强、飞行弧线向右偏斜,具有较强的左侧上旋。也是快攻型打法常用的发球技术(见图4-9)。

图 4-9 反手发急球

动作要领:右脚稍前或平站,身体略向左倾斜,左手掌心托球置于身体前偏左侧。引拍时,左手将球向上抛起,同时右臂外旋,使拍面角度稍前倾,上臂自然地靠近身体左侧,向身体左后方引拍。迎球时,右臂以肘关节为轴心,前臂向左前方横摆,腰部也配合从左向右转动。击球时,球从高点下降至低于网高时,击球左侧中上部,触球一瞬间前臂加速向右前上方横摆,手腕用力摩擦,腰部配合向右转动。球击出后,第一落点接近本方端线,手臂继续向右上方挥动,须迅速还原。

技术关键:

(1)触球点的高度要适当,发急球时触球点要低些,击球点应在身体的左前侧与网同高或比网稍稍低;

(2)注意手腕抖动发力;

(3)第一落点在本方台区的端线附近。

 **知识窗**

1.国际乒联于 2002 年 9 月 1 日起实施了"无遮挡"发球的规则。

2.发球时如果在球还处于上升期时就击球,则属于规则不允许的"合力发球"。

3.怎样判断是否抛够了 16 厘米?可以以网高(15.25 厘米)作为参照物。

三、发球易犯错误及纠正方法(见表 4-4)

表 4-4　发球易犯错误及纠正方法

编号	易犯错误	现象	改正方法
1	没有将球抛起	发球犯规	1.多进行模仿练习,练习发球上抛动作; 2.不断练习左右手的配合
2	击球点过高或过低	球易出界和下网	按合适的击球点击球
3	拍形前倾过多,击球力量过小,落点离网过远	球不过网 无挥拍及上抛动作	球拍击球时保持基本垂直状态,在球台上画出第一落点范围
4	拍形前倾不够,击球力量过大,落点离网过近		
5	球拍与球距离过近		1.多练习抛球动作; 2.练习徒手挥拍击球动作

乒乓球

四、发球技术的教学内容与练习方法(见表 4-5)

表 4-5　发球技术的教学内容与练习方法

编号	教学内容	练习方法
1	建立正确的概念	讲解、示范、对比,让学生明确各种发球的方法及技术要领
2	徒手练习	徒手做发球前的准备姿势,模仿抛球及发球动作
3	抛球练习	自己拿球进行抛球练习,体会向上抛球的稳定性
4	观察与体验动作要领	在镜子前慢慢做徒手动作,反复练习,从掌握正确要领开始
5	练习触球感	用慢动作体会上肢及身体的用力,反复练习球拍与球接触的动作
6	体会发球要领	练习发球时,可以右手先引拍到身侧,然后左手再抛,右手再做动作
7	节奏练习	练习发球节奏,一引拍,二抛球,三做动作,自己喊节奏练习发球
8	发至固定落点 发至不固定落点	发球与接发球结合起来进行练习,一方专练发球,一方专练接发球。在台前用多球或同学之间互相发球练习。发至固定落点、发至不固定落点
9	攻球练习	发球用的就是正手攻的动作,加强正手攻球技术,同样也在不断提高发球技术

第五节　乒乓球运动的接发球技术

一、接发球技术的种类

接发球:乒乓球比赛,首先是从发球和接发球开始的。无论是发方还是接方都是第一板球,如果第一板球处理不好,其他技术再好也都不能充分发挥,所以练好发球和接球是每个乒乓球爱好者的首要任务。初级班应掌握推接,接正、反手急球,接下旋球的要领。

二、接发球技术的特点应用与动作要领

1.推接

特点及应用: 速慢,力量轻,动作较简单,推接主要用于不转球和弱上旋球。它可以帮助初学者熟悉球性,认识乒乓球的击球规律,提高控制球的能力。初学者容易掌握。

动作要领: 两脚站立与肩同宽,后脚跟稍抬起,提高身体重心。触球时主要靠手和前臂向前发力,直握拍手的大拇指要伸开,主要靠食指和虎口控制住拍型的角度,中指和无名指要在拍后用力顶住拍子,配合发力(见图4-10)。

图 4-10　推接

2.接正、反手急球

特点及应用: 所谓急球是指对方发出的直线、斜线或中路底线的长球,具有角度大、速度快的特点。

动作要领: 回接急球时,站位应偏远一点,以便做好充分的准备,判断和起动都要快。根据来球的速度、旋转方向和落点,采取点、拉、冲、拨、推等方法来回接(见图4-11)。

图 4-11　接正、反手急球

3.接下旋球

特点及应用：由于下旋球具有速度不是太快而旋转变化较大的特点，因此，接发球的准备时间较充裕，而在判断旋转强度后，接下旋球可用稳搓、摆短、劈长、挑、拉冲等方法。对于初学者，回接下旋球的最基本方法就是稳搓，要求搓稳、搓低。

动作要领：拍面后倾，根据球的旋转速度，向前、向下击球，接球力量主要来自小臂、手腕、手指 3 个部位，用其合力搓出不同的变化（见图 4-12）。

图 4-12　接下旋球

三、接发球技术的关键点

（1）站位和准备姿势

站位的选择主要是根据这种站位能否为本方直接进攻创造一定的有利条件，而且要观察对方的站位情况来决定，如对方站在反手侧身位发球，则应该站在中间偏反手位接发球，如对方站在正手位发球，则应站在中间位接发球。

（2）接发球的判断

正确的判断是接好发球的首要环节，只有在判断上不出现较大的偏差，才能更好地运用接发球技术。在接对方发球时，对发球种类、落点、旋转的判断至关重要，这直接影响到回球的命中率。旋转一般分为不转，上旋，下旋，左侧上，下旋，右侧上，下旋。

（3）步法移动

步法移动是乒乓球的基本技术之一，也是接好发球的重要环节。比赛中，判断清楚对方发球的类型后，必须正确地移动脚步才能占据接发球的有利位置。

四、接发球易犯错误及纠正方法（见表4-6）

表4-6　接发球易犯错误及纠正方法

编号	易犯错误	现象	改正方法
1	步伐移动不及时	击球不到位	根据来球调整步伐，右脚上步并将重心调整至右脚，同时左脚稍向后撤步，在击球前身体大致与球台端线平行
2	引拍过早或过度	力量用不上	引拍时要注意时机，确保来球与前臂保持一定的距离，然后上半身收腹前倾、降低重心，从而使手臂在击球时保持一定的稳定性，最后手腕大幅度内敛并确保球拍与球台为近似水平状态。此时球拍头部应指向己方腹部位置
3	挥拍僵硬	动作变形	一定要放松，打乒乓球靠的是手感，在放松的情况下才更容易领悟这项技术。在挥拍的过程中，小臂以胳膊肘为轴心向右前方展开并将手腕打开向前发力，手腕打开时一定要有爆发力，这样可以增加与球的摩擦力

续表

编号	易犯错误	现象	改正方法
4	击球时间没有掌握好	回击出界或下网	应在来球的上升期或最高点击球,这样可以提高回球的威胁性。在击球时要选择好击球位置,这里的位置是指左右方向的位置,击球点一般位于胸部正前方,位置偏左或偏右都会因借不上力而造成回球下网

五、接发球教学内容与练习方法(见表 4-7)

表 4-7　接发球教学内容与练习方法

编号	教学内容	练习方法
1	建立接球概念	先进行无球情况下的徒手挥拍,使动作定型,这样在有球的情况下才会掌握得更容易掌握
2	多球练习	进行多球训练,单一重复的练习更容易增加肌肉的记忆感
3	体会动作要领	刚开始练习时,应当放慢动作,为下板的衔接做准备
4	学习接上、下旋球的动作	练习回接对方平击发球,掌握接一般上旋球和下旋球的方法
5	二人一组练习发与接	两人互练效果最好。双人练习时一人能练习发球,一个人来接发球,既省时间,又能相互交流
6	接不同性质的发球	发球者练习各种不同性质的发球,接球者练习怎么接对方的发球
7	接定点和不定点及回不固定和固定落点	练习用推挡、快拨和快攻回接对方急球或侧上旋球。先接定点球,后接不定点球;先不固定回接球的落点,后固定回接球的落点

第六节　乒乓球运动的推挡技术

一、推挡技术的种类

推挡球是推球和挡球的总称,是左推右攻打法的主要技术之一,是我国近台快攻传统打法的独特技术,是乒乓球控制与防御的主要技术。各种推挡技术配合使用时,能利用速度、落点和旋转变化争取主动并创造进攻机会,在被动或相持时可起到积极防守的作用,并可变被动、相持为主动。推挡技术可分为平挡、快推、加力推、减力挡、推挤、推下旋、推侧旋等技术动作,而初级学生需要掌握平挡、快推的技术动作,为中级学习打下良好的基础。

知识窗

回球擦边就一定有效吗?

这要看回球落在对方台面的何种边沿上:如果是上边沿,就是有效的;但若是侧边,则为无效,将失去一分。实战中,往往通过观察球的弹跳弧线来判断擦边的状态,如果球擦边后仍往上跳,则是上边沿,有效;如直接往侧下跳,则为侧边,无效。

二、推挡球技术的特点应用与动作要领

推挡球技术是直拍反手运用技术,通过反手发力或减力、推线路变化和旋转变化取得比赛的主动,是直拍反手的基本技术之一。推挡球的特点是站位近、动作小、速度快、落点变化多,也有一些旋转变化。

1.直拍推挡

特点及应用:击球力量小、球速慢、击球点较高、不旋转或轻微转。挡球动作简单,容易掌握,是初学者的入门技术。它可以帮助初学者熟悉球性,认识乒乓球的击球规律,提高控制球的能力。

动作要领:站位在球台中间或偏左,身体离台40～50厘米。两脚开立,比肩稍宽,左脚稍前,屈膝提踵,含胸收腹,重心在前脚掌上。持拍手自然弯曲,引拍至身体前方或略偏左,同时前臂外旋,使拍形接近垂直。来球从台面弹起后,前臂和手腕顺来球路线向前伸出,主动迎球。在来球的上升期,推击球的中部,拍击球后,手和臂顺势向前挥动,并迅

速还原成击球前的准备姿势(见图 4-13)。

图 4-13　直拍推挡

2.横拍反手拨挡

特点及应用:对付下旋或者不转的短球时,可以拨球。

动作要领:球拍引至腹前略偏左,球拍横身前,拍头略朝上,右膝关节略内旋,右脚掌内侧蹬地,身体保持正对来球方向。前臂自然贴近身体,肘部夹角接近 90 度,腰髋稍向左转。

右前臂伸出迎球,拍形稍前倾,触球中上部,顺势挥拍,重心自然转移回右脚。引拍时,大臂内旋,前臂略内旋,手腕弯曲内收,蓄势待发。迎球时,前臂加速挥出,同时外旋,大臂也随之外旋。触球时,固定向前发力,击球后,前臂继续顺势挥动,随即迅速还原到起始姿势(见图 4-14)。

图 4-14　横拍反手拨挡

3.快推

特点及应用：站位近，动作小，借力还击，回球速度快，落点活，线路变化多，有斜线、直线的变化。既可积极防守，也可辅助进攻，在对攻和相持中运用对推两大角或突击对方空当，能争取时间，使对方左右应接不暇，造成直接失误或为自己正手或侧身强攻创造条件。适用于对付旋转较弱的拉球、推挡球和中等力量的攻球。它是推挡球最常用的一项技术，也适用于反手接上旋发球。

动作要领：左脚稍前，右脚稍后，两膝弯曲，站位在球台中间或偏左，身体离台约 40 厘米，收腹含胸，身体向前或略向左转。右上臂和肘关节靠近身体右侧，手臂自然弯曲，引拍至身前偏左，同时前臂外旋，使拍面稍前倾，来球从台面弹起后，前臂和手腕向前或向前兼略向上挥拍迎球。在来球的上升前期，以稍前倾的拍形推击球的中上部。球拍击球瞬间，前臂和手腕自然向前或向前兼略向上发力，并主要借用来球反弹之力（即"借力"）将球快速击回。击球后，手和臂顺势向前挥动，并迅速还原成准备姿势。动作过程中，身体重心放在双脚上。

三、推挡球技术的关键点

1.肘关节靠近胸腹侧，便于发力。

2.前臂前伸挡球，手腕、手指调节拍形，食指用力，拇指放松，向前上方挥拍。

3.手腕发力动作要准确，在来球的上升期触球。

4.快挡时，击球前靠近身体，前臂适当后撤引拍，转腕动作不宜过大，关键是时机要恰当。

四、推挡球易犯错误及纠正方法（见表 4-8）

表 4-8　推挡球易犯错误及纠正方法

编号	易犯错误	现象	纠正方法
1	挡球时判断不准，拍面角度过于后仰	球高或出界	提高判断能力，击球前固定拍面角度
2	快推时拍面过于前倾，击球时间过晚	球易下网	前臂外旋使拍面前倾，在来球上升期击球
3	手臂没有向前伸出	击出球速度过慢	强调击球后上臂和肘关节前送，上体向左转动

续表

编号	易犯错误	现象	纠正方法
4	推球前,手腕不会后撤引拍,击球距离太短,影响用力	动作不协调	进行无球转腰引拍推球练习
5	上臂和肘部离开身体右侧,致使拍面过于垂直	影响推球的速度和力量,动作不稳定	强调手腕内旋,拍柄向左。以腰带动手臂,大臂适度紧张
6	上臂与身体夹得过紧,前臂过于靠近身体	导致向前加速距离太短,不易控制球和发力	放松肩部和肘关节,加大上臂与身体的距离
7	前推动作过大	还原慢,影响速度	减小上臂用力,加快收回速度
8	手腕太活,拍面角度不稳定或手腕发力过早	落点不稳,容易出界	固定手腕反复练习
9	手腕上翘或过分下压,手腕与前臂动作不灵活	控球能力低	固定前臂和手腕动作
10	加力推球时,手臂没有充分前伸	力量不大	击球时,注意大臂与肘关节前送,并配合腰部转动

五、推挡球技术的教学内容及练习方法(见表 4-9)

在学习乒乓球技术的初期应先学会挡球,在练习推挡前,应熟悉球性和掌握击球动作的基本技术,然后进一步掌握各种推挡球技术。

表 4-9　挡球技术的教学内容及练习方法

编号	教学内容	练习方法
1	熟悉球性	熟悉球性,先做托球、"颠球"和对墙击球的练习。如果你能让球连续地、稳定地在球拍上垂直弹起、落下、再弹起……本项练习的目的就达到了,你已经学会"颠球"了。有意识地改变"颠球"的轻重、快慢及正反"颠球" 原地"颠球"　　移动中"颠球"　　对墙"颠球" 用球拍的正面、反面或交替用两面,将球直接打向墙面,待球落向地面反弹起来时,再把球打向墙面,以此类推 空中"传球"　　　　　　间接"传球"
2	徒手练习	徒手挥拍模仿推挡练习,体会击球的动作要领
3	台上练习	台上挡球练习以稳健为主
		左半台反手推挡练习
		两人在台上先推中线,再推直线和斜线,逐渐加快速度,领会快推动作
		结合快推和挡球练习
		反手由一点推二点或一点推不同落点

六、推挡球技术的注意事项

1.挡球或快推时,不要挺胸、挺腹,两脚不要并拢,两膝不伸直站立。

2.推挡时,肘关节应贴近身体,以免影响前臂发力以及减轻左方的活动范围。

3.推挡时,注意击球时食指用力,拇指适当放松,前臂前推或后引幅度不宜过大,以免影响收回速度。

第七节 乒乓球运动的攻球技术

一、攻球技术的种类

攻球技术是指在击球方式上以撞击为主的进攻性技术,是快速进攻最重要的一项技术,杀伤力强,它是乒乓球主要得分技术之一。攻球技术包括正手攻球技术、反手攻球技术和直拍反面攻球技术。从站位来分,有近台快攻、中台攻球、远台攻球。初级班学生需要掌握近台快攻的技术动作。

 知识窗

乒乓球技术很多,打法不同,但在动作结构上有一个共同特点,那就是每一个动作都是由引拍动作、击球动作、结束动作3个阶段组成。

二、攻球技术的特点应用与动作要领

近台攻球的站位离台约50厘米,击球点在来球的上升期或高点期,球的速度比较快,动作幅度比较小,借对方来球的力量发力;中远台攻球的站位离台70～100厘米,击球点在来球的下降期,球的速度比较慢,动作幅度大,主要靠主动发力(见图4-15)。

图 4-15 攻球的准备姿势

直拍、横拍正手近台攻球

特点及应用：站位近台，击球时间早，球的速度快，动作幅度小，是近台快攻打法的主要技术之一。还击发球、推挡球、一般的上旋球等，使对方措手不及。在对攻中将线路与落点变化相结合，调动对方，伺机扣杀。

直拍动作要领：在近台中偏右站位，身体斜对球台，持拍手自然放松置于腹前，两脚开立与肩同宽或比肩稍宽，左脚稍前，右脚稍后，两膝弯曲，脚后跟略微抬起。身体离台约50厘米，手臂自然放松，保持一定弯度，不要小于90度或大于120度。拍面稍前倾，约成80度。引拍时，手臂在腰、髋关节的带动下，顺来球路线向身体右后侧方引拍，约与台面齐高，拍面、前臂与台面基本平行，与身体成半横状。前臂与地面几乎平行，上臂与身体的夹角在35～40度，拍形稍前倾，拇指稍用力，食指放松。在来球从台上弹起时，在腰和大臂的带动下，持拍手由右侧向左前上方挥拍迎球，在球的上升期或高点期，击球的中上部。击球瞬间，以撞击为主，略微带些摩擦，前臂快速内收发力配合手腕内转，沿球体做弧线挥动，手腕稍微有一向前压的动作，击球位置在身体右前方。击球后，由于惯性，手臂挥至头的左侧，身体重心从右向左移至左侧，然后迅速还原准备下一拍（见图4-16）。

图4-16　直拍、横拍正手近台攻球

横拍动作要领：与直拍基本相同，主要是持拍手与小臂同方向，注意不要上翘、外撇或者吊腕，拍面稍前倾，随着身体向右移动，手臂向身体右后侧方引拍。在来球高点期时，手臂迅速向左前上方呈半圆形挥动，击球的中上部，同时身体重心由右脚移至左脚。击球后，迅速还原，准备下一板击球。

三、攻球技术的关键点

（1）充分利用全身的协调性。

（2）以前臂发力为主，手腕辅助用力。

（3）击球点在身体右前侧。触球瞬间以向前打为主，略向上摩擦。

四、攻球易犯错误及纠正方法(见表 4-10)

表 4-10　攻球易犯错误及纠正方法

编号	易犯错误	现象	纠正方法
1	击球时吊腕或夹臂,手与前臂不能保持一条直线	不能摩擦球,下网多	击球时手腕自然放松呈正常的平直状态
2	击球时翘腕	不能摩擦球,出界多	注意握拍方法和手指用力情况,明确击球时球拍呈半横状,以多做徒手动作并加以控制来改正
3	击球时上臂和肘关节抬得过高	发不出力,击斜线球困难	首先纠正引拍动作,使手臂放松时肘关节自然下垂,再迎击来球
4	击球点不准	击球点忽前忽后、忽左忽右	加强步法移动,要求击球到位
5	击球时,手臂呈直线挥动撞击球	击出球没有弧线	体会击球过程中手臂制造弧线的动作
6	击球后球拍立即停止不前	动作不协调	体会击球后的随势挥拍动作
7	拍面角度过于前倾或击球时间过晚	球下网	纠正击球部位,调整拍面角度及用力方向,击球上升期或上升前期
8	拍面角度过于后仰,击球部位在中下部	球出界	纠正击球部位,调整拍面角度及用力方向
9	只注意上肢发力击球,忽视腰、髋、腿转动力量	击出的球力量不大	明确攻球动作正确的发力顺序:蹬地反作用力—腿部—髋部—腰部—上肢—大臂—前臂—手腕—手指,最终通过球拍作用到球上
10	击球动作完成后,手臂从身体前绕圈还原	不能快速连续击球	击球后手臂直接还原

五、攻球技术的教学内容与练习方法

攻球技术的教学,应贯彻由浅入深、从易到难的原则,即先学习正手攻球技术,然后学反手攻球和侧身攻球技术;先练习单个技术,后练习组合技术;先斜线、后直线。在熟悉和掌握某一技术后,再演练其他的技术(见表4-11)。

表 4-11 攻球技术的教学内容与练习方法

编号	教学内容	练习方法
1	徒手练习	通过示范、讲解、分析,建立正确的攻球动作概念
		按照该技术结构做台下上肢徒手模仿练习,以体会动作要点
2	结合步法练习	在原地做上肢徒手模仿动作的基础上,结合步法练习
3	台上练习	台上单个动作练习,规定一人发球,一人练习攻球,打一球后再重新发球
		一推一攻练习:可先在中线范围一推一攻,要求先轻打,以提高命中率和体会攻球动作结构,然后用中等力量快打
4	定点与不定点练习	两人一组,一人练推挡,一人练正手攻,先练攻斜线,再练攻直线;先练定点小范围左右走动中攻,再练定点1/2台、2/3台范围内左右走动中攻;先练不定点1/2台范围内左右走动中攻,再练2/3台范围内左右走动中攻

六、攻球技术的注意事项

1.含胸收腹,小臂放松,自然放下,小臂与大臂夹角适中,约110度。

2.提早引拍,引拍高度应在桌面上,当对手击球后,球快过网时,就要引拍,并且预测球的落点,调整站的位置。

3.身体跟球,避免用手去追球,手臂与身体的距离要保持固定。如引拍姿势错误,就会破坏掉整个正手攻球的动作。

4.以腰带手,注意转腰动作不能太大。

5.不可抬肘,大臂与腰之间的距离不可太远,但也不要夹臂,保持舒适的距离。

6.拍形前倾,引拍时,拍面应该往前压。

7.收缩小臂,击球时,必须利用收缩小臂来击球,大臂、肩膀、腕部都不可出力。

8.挥拍终点,即收拍位置。收拍于右眉。

9.还原时,手应该缓而不慢地往右放下,注意节奏,恢复预备姿势,准备引拍。

第八节　搓球技术

一、搓球技术的种类

搓球是近台还击下旋球的一种过渡、稳健的基本技术,是初学削球必须掌握的入门技术。其技术特点是站位近、动作小,以摩擦为主,使球产生旋转变化与落点变化,为进攻创造了条件。初级应学会正手搓球和反手搓球技术以及慢搓和快搓技术,为搓转球与不转球、搓侧旋打好基础。

二、搓球技术的特点应用与动作要领

1. 慢搓

特点及应用:慢搓具有击球动作幅度大,球在空中运行速度较慢、稳健性强和有利于加强旋转等特点。慢搓是一项比较容易掌握的回击下旋球技术,在比赛中同快搓和摆短相结合,能有效地变化击球节奏和落点,增加对方回击难度,以争取使搓球收到更好的效果。

动作要领:站位近台,两脚平行站立,身体离台约 50 厘米。引拍时,手臂自然弯曲,前臂略提起并内旋,引拍至身体左上方,拍面稍后仰,腰、髋略向左转,重心转向左脚。击球时,前臂和手腕向右前下方挥拍,击来球的下降期中段,触球的中下部。触球时,击球瞬间手腕辅助前臂发力摩擦球,同时,上体微向右摆,重心转移到右脚或两脚之间。击球后,手臂顺势向右前下挥动,并迅速还原,准备回击下一球(见图 4-17)。

图 4-17　慢搓

2.快搓

特点及应用:快搓具有击球动作小、回球速度较快、弧线低、落地变化多,借助来球的前冲力回击等特点。快搓主要用来对付对方发过来和搓、削过来的近网下旋球。可以回搓近网短球,也可以回搓底线长球,为争取主动,抢先上手创造条件。

动作要领:站位在球台中间稍偏左,离台约40厘米,右脚在前。引拍时,左脚向左前方上步,重心落在前脚掌,身体向前略向左转,手臂向左前方迅速前伸迎球,同时前臂略内旋,使拍面稍后仰。击球时,拍形比慢搓稍立,以前臂用力为主,在来球上升期向前下方摩擦球中下部,击球瞬间手腕手指用力。若来球下旋强,球拍应击球底部,手腕、手指以向前用力为主;若来球下旋较弱,拍触球中下部,手腕、手指多向前向下用力。击球后,手臂迅速放松,左脚掌向后蹬地还原,准备回击下一板球(见图4-18)。

图 4-18　快搓

三、搓球技术的关键点

(1)应根据来球的具体情况,控制好拍面的后仰角度。

(2)击球时,前臂用力为主,转腕动作不宜过大。

(3)搓球加转球,在向下用力的同时,应增加前送的幅度。

(4)快搓时身体重心前移,身体靠近来球。

(5)前臂主动前伸,插向球的中下部。

(6)快搓一般借力还击,若来球下旋弱,可用力下切。

四、搓球易犯错误及纠正方法(见表 4-12)

表 4-12　搓球易犯错误及纠正方法

编号	易犯错误	现象	纠正方法
1	引拍时,拍面过于后仰	出高球或不过网	前臂外旋、手腕伸、放松拇指,食指和中指稍用力保持拍形稍后仰,利于加大来球反作用力
2	引拍高度不够	回球下旋力不强	做自抛自搓板球练习。要求上臂前曲角度加大,前臂持球拍上引,利于加大由上向下切球的动作
3	手臂和手指、手腕肌肉未协调放松,不易加速挥拍和主动发力摩擦	回球不转或下网	做持拍或不持拍的徒手模仿练习,体会执拍手各关节的肌肉收缩与放松的协调配合,提高身体感觉能力
4	拍触球一瞬间,前臂和手腕未内旋与前曲外展,未向前送摩擦	回球下网或不转	做徒手或摩擦"带轴"球练习。掌握前臂、手腕、手指调节拍形角度、击球部位、交替用力方法
5	击球时,球拍后仰角度小	回球下网或不转出高球	搓接对方发来的下旋球,体会拍形角度的变化,掌握前臂、手腕、手指使拍形后仰在下降期击球中下部和前送的动作
6	拍触球时,手臂前送动作过大,肘关节僵直,还原动作慢	回球出界或下网	做徒手模仿练习,击球时快速运用爆发力,顺势前送,迅速还原。也可做单线对搓练习,提高击球的协调性和节奏感
7	击球时,球拍触球的部位不准	回球不转、出界或下网	明确搓加转与不转球的球拍触球的部位。加强对来球落点和飞行弧线的判断
8	摩擦球无力	回球下网	要求从两脚前脚掌内侧蹬地用力,将力迅速从下肢、躯干、执拍手臂传递到手腕和手指上

五、搓球技术的教学内容与练习方法

搓球一般应先学反手搓球,再学正手搓球,先练习慢搓,后练习快搓,再练习搓转与不转球(见表 4-13)。

表 4-13   搓球技术的教学内容与练习方法

编号	教学内容	练习方法
1	徒手模仿	通过讲解、示范、比较,建立正确的动作技术概念。徒手模仿搓球动作,掌握技术要领
2	自练搓球	自己在台上抛球,将球搓过球网
3	台上练习	一人发下旋球,一人将球搓回
		两人对搓中路直线,再对搓斜线
4	快慢结合练习	先练习慢搓,然后练习快搓
5	正反手搓球练习	两人反手斜线对搓
		两人正手斜线对搓

六、注意事项

1.挥拍时以肘部为轴,拍面后仰,摩擦球的底部。为提高球的稳定性,首先要在挥拍时保持重心前倾,尽量在靠近身体的位置击球。

2.对于搓球技术,准备动作非常重要,肘部固定是提高搓球稳定性的秘诀。

3.击球时,首先将球拍引至胸前,以肘为支点向前下方挥出,在击球瞬间加入手腕动作以增加旋转。

4.搓球时,如果为追求较早的击球点而伸直手臂,将失去对球的控制,搓出的球不仅旋转不足,而且很容易造成失误或被动。

第九节   乒乓球运动的基本战术

一、基本战术的概念

乒乓球技术与战术的区别和联系:所谓乒乓球的战术,即乒乓球运动员在比赛中为战胜对手所采取的计谋和行动,而乒乓球技术是指运动员完成打乒乓球动作的方法,它

乒乓球

是战术的基础,只有掌握了全面和实用的技术,才有可能运用多变的战术。根据不同情况合理地应用乒乓球技术、战术,无论是对专业运动员还是业余选手都是至关重要的。初级的学生需要掌握简单的基本战术,如推攻战术、搓攻战术等,要有进攻性的意识及掌握进攻性的基本技术,同时需要学习理解乒乓球的裁判知识并在比赛中担任裁判工作,初步了解双打比赛的规则及体验双打比赛的过程。

知识窗

使用反胶与长胶削球的区别

用长胶削球时,应注意发力集中,在撞击时需注意对球的控制力,并力求借到对方来球的前进力;用反胶削球时,须以自己发力为主,向前用力较多,摩擦球较多。

二、初级要学的基本战术

1.推攻战术

推攻战术的特点与方法:推攻战术主要是运用正手攻球和反手推挡的技术,并结合乒乓球落点的变化和节奏的变化来压制和调动对方,以争取主动得分的方法。这种战术主要在左推右攻打法的运动员对付攻击型打法的运动员。推攻战术是左推右攻打法对付攻击型打法的主要战术,有反手推挡能力的两面攻运动员、攻削结合的运动员等也常使用它(见图4-19)。

图4-19　推攻战术

常用的推攻战术有:
(1)左推右攻;
(2)推挡侧身攻;

(3)推挡、侧身攻后扑正手；

(4)左推右攻结合反手攻；

(5)左推、反手攻、侧身攻后扑正手。

注意事项：

(1)推、攻都要有线路变化、落点变化和节奏变化，这是推攻战术争取主动和创造扣杀机会的主要方法。

(2)推挡一般要以压制对方的反手为目的，适时突然变正手，以创造进攻的机会。

(3)在推挡中突然加力推，推对手中路，使对手难于用力，然后用正手或侧身扣杀。

(4)遇到机会球时要果断扣杀，这是推攻战术得分的主要手段。

(5)比赛中要针对对手在比赛中的节奏，做到近台和中台位置经常转换以掌握主动。

2.搓攻战术

搓攻战术的特点与方法：搓攻战术主要是采用"转、低、快、变"的搓球方式以控制对方，达到一定的效果后再把握机会进行连续进攻以达到得分目的。搓攻战术是乒乓球比赛中经常运用的战术打法(见图 4-20)。

图 4-20 搓攻战术

常用的战术有：

(1)慢搓与快搓结合；

(2)转与不转结合；

(3)搓球变线；

(4)搓球控制落点；

(5)搓中突击；

(6)反手发急球或急下旋球抢攻。

注意事项：

(1)采用搓攻战术时最主要的是心态要平稳，不能太急躁。否则起板容易失误。

(2)在遇到机会球时要早起板来争取主动，大力扣杀，这是搓攻战术的主要得分手段。

（3）在搓短中摆短，可使对方不易抢先进攻，故有利于创造进攻机会，以便伺机用正、反手或侧身进攻。

三、乒乓球双打

1. 双打规则

由比赛双方各出 2 名运动员，按规则规定的顺序轮流击球的比赛项目。其竞赛方法和比赛规则与单打基本相同，但双打在发球、接发球及击球的顺序上有特殊的规定。乒乓球台面的中央画一条 3 毫米宽的白线，把台面均等地分为左、右 2 个半区。双打比赛时，右半区为发球区。发球时，球必须先落至本方的发球区或中线上，然后落到对方的发球区或中线上，否则判为发球失分。双打第一局发球的一方，应先确定第一发球员，而接发球的一方，可任意确定第一接发球，然后按规定的次序，轮流交换发球和接发球。此后各局先发球的一方，可以任意确定第一发球员，而接发球的一方，则必须由前一局与之相对应的发球员来接发球。此后的每一局以此类推，到决胜局交换方位时，发球次序不变，但接发球一方应交换接球员的次序。

以五局三胜制为例。

设比赛双方为 A 队和 B 队，A 队二名队员为 A1 和 A2，B 队二名队员为 B1 和 B2。看他们每一局发球与接发球的位置变化以及决胜局的位置变化。

第一局		第二局		第三局		第四局	
发	接	发	接	发	接	发	接
A1——B1		B1——A1		A2——B2		B2——A2	
B1——A2		A1——B2		B2——A1		A2——B1	
A2——B2		B2——A2		A1——B1		B1——A1	
B2——A1		A2——B1		B1——A2		A1——B2	

第五局一开局与第一局或是第三局的站位次序一样，发球方如 A1 先发球就为第一局的站位次序，如 A2 发球就为第三局的站位次序，决胜局比赛到一方先得 5 分，即要交换方位，交换之后与第二局或第四局站位次序一样。

第五局		决胜局	
前 5 分		换位之后	
发	接	发	接
A1——B1		B1——A1	
B1——A2		A1——B2	
A2——B2		B2——A2	
B2——A1		A2——B1	

2.双打特点

(1)要求两人在思想上必须保持一致,相互信任,相互鼓励,相互谅解。

(2)要求具有灵活的步法,需要不停地跑位去回击,而且还要以不阻挡和影响同伴的跑位与回击来球为前提。既要跑得快,又要跑得默契。

(3)要求在技术、战术上能够默契配合,协调一致,相互创造战机,充分发挥两人的技术水平。

3.练习方法

(1)双打的跑位不影响同伴的视线和判断来球;不妨碍同伴抢占击球位置和还击来球。

(2)为了协同作战、加强配合,双打运动员在发球时可用手势相互暗示发球意图,力争发球抢攻主动。

(3)发球或接发球后,可运用紧盯一角的战术,迫使对方两人在一角匆忙换位,再突袭。另一角,亦可运用交叉攻两角或长短结合的战术,打乱对方两人的基本站位和基本走位的方法,从中创造进攻的机会。

(4)组织班级双打比赛,使大家体会双打的趣味性并熟悉裁判规则。

4.注意事项

(1)双打对步法移动有特殊的要求,运动员在移动中既不能妨碍同伴的动作和视线,又要有利于自己回击下一次来球。

(2)双打的发球应尽量为同伴的抢攻创造条件,接发球应以抢攻、抢拉为主。

(3)运动员还要掌握较好的连续扣杀技术。

第十节　初级班乒乓球运动技术评价

一、主要内容及学时分配

1.基本技术:18学时;

2.身体素质:10学时;

3.理论:2学时;

4.考试:2学时;

5.体质测试:2学时(课外);

6.运动安全理论课:2学时(秋学期:一年级新生,课外);

7.理论考试:1学时(课外)。

二、测评内容和比例

春夏、秋冬学期学生体育课成绩评价指标及权重(见表4-14)。

表4-14　春夏、秋冬学期学生体育课成绩评价指标及权重一览

指标类别	权重	评价指标
运动专项	40%	根据不同专项特点,实行教考分离
身体素质	25%	春夏:12分钟跑(20分)+50米(5分);秋冬:12分钟跑(20分)+引体向上(男)/仰卧起坐(女)(5分)
体育理论	10%	体育理论包括运动与健康知识、专项理论知识(指定本校教材)、运动安全与卫生、体质健康测试等,进行网络考试
学习过程	10%	专项教学课与专项辅导课。出勤率(迟到、早退、请假、旷课)扣分标准按学生体育手册执行,以记录学生上课过程中的表现
课外锻炼	15%	1.有效跑距和次数:每次男生3.5千米、女生2.5千米;每周"浙大体艺"APP跑步记录不得少于2次。具体评分办法见表4-3; 2.有效时段和时间:春(秋)学期第一周至夏(冬)学期第七周,上午6:00—7:30,下午15:30—22:30,每次有效跑距完成时间为12~45分钟; 3.锻炼地点:校园和操场均可; 4.特殊天气:如遇雨、雪等特殊天气周可用其他周补齐

三、学习评价

1.学习目标

本课程学习一是使学生了解乒乓球的历史知识及乒乓球的重要地位,二是使学生掌握乒乓球的基本理论知识、技术、技能,并把所学的技术应用于比赛,三是使学生学会科学锻炼身体的方法,养成锻炼习惯,不断提高乒乓球运动水平,为终身体育打下良好基础。

2.学习评价

(1)掌握乒乓球基本理论知识:能正确判断来球,掌握击球点的要领,明确基本技术的动作要领。

(2)技术评价:能熟练掌握乒乓球的推挡和攻球技术,学会平球、奔球、急球及接发球技术,初步掌握发下旋球技术。

（3）5个环节的评价：基本要掌握准备姿势、判断来球、脚步移动、击球、还原这5个环节。

（4）裁判知识：懂得乒乓球的裁判规则及双打规则。通过班级比赛了解自己所掌握的乒乓球技术水平情况，同时巩固裁判知识。通过比赛培养学生的集体合作精神、互帮互学精神。

（5）激发学生对乒乓球的兴趣，培养学生对比赛的欣赏能力，愉悦身心，并提高合作能力与人际交往能力。

（6）身体素质评价：耐力、速度、柔韧性和力量等素质要有一定的提高。

四、测评内容和评分标准

考试方案一

1.专项考核内容：一分钟正手攻球次数＋技术评定

具体考核操作如下：

由小球团队指定同时间进行一分钟攻球，教考分离。每个学生有2次考试机会，每次一分钟，失误次数不计（学生两人一组，自由组合。若送球的同学失误，必须停止计时，而考试的同学失误，不停止计时），2次考试取成绩好的一次。开球后即开始计时，当球再回到考试同学拍上为一个来回，计一次，然后以此类推，到1分钟结束后停表报次数。次数占30分，技术评定占10分，共40分。

2.考试标准：技评分数表及考核分数（见表4-15、表4-16）

表4-15　正手攻球技评分数

技术评定	A+	96～100分	B+	81～85分	C+	66～70分	D	59分以下，须补考
	A	91～95分	B	76～80分	C	61～65分		
	A−	86～90分	B−	71～75分	C−	60分		

A标准——攻球动作准确、协调，击球有节奏、有速度、有力量，落点准确，还原自然。

B标准——攻球动作基本准确、协调，击球有节奏，有一定速度、力量，落点较准确，还原自然。

C标准——攻球动作基本合理，击球动作不协调，节奏感差，速度慢，力量弱，落点不准确，还原差。

D标准——攻球动作不合理，击球动作不协调，节奏感差，速度慢，力量弱，落点不准确，还原差，未完成技术动作。

表4-16　正手攻球考核评分

分数	正手攻球 （次数/分）	分数	正手攻球 （次数/分）	分数	正手攻球 （次数/分）	分数	正手攻球 （次数/分）	分数	正手攻球 （次数/分）	分数	正手攻球 （次数/分）
100	60	90	50	80	40	70	30	60	20
99	59	89	49	79	39	69	29	59	19
98	58	88	48	78	38	68	28	58	18
97	57	87	47	77	37	67	27	57	17
96	56	86	46	76	36	66	26	56	16
95	55	85	45	75	35	65	25	55	15
94	54	84	44	74	34	64	24	54	14
93	53	83	43	73	33	63	23	53	13
92	52	82	42	72	32	62	22	52	12
91	51	81	41	71	31	61	21	51	11

考试方案二

1.考试内容

(1)正手或反手发至规定的左右两角的区域内。占总成绩的20%。

(2)乒乓球比赛。占总绩的20%。

2.考试方法

(1)考生站于本方球台可采用任何技术进行发球考试,连续发10个球,以考生所发球的成功次数为最后成绩。

(2)要求考生必须按乒乓球的规则进行发球考试,如发球犯规,算失球一个。

(3)乒乓球比赛第一阶段采用分组循环制,第二阶段采用淘汰加附加,三局二胜制。决出班级学生名次。

3.评分标准

(1)发10个球,可发左右任何一个区域,每发一个至规定的区域得10分,两个得20分,依次类推十个为100分。

(2)比赛成绩:按比赛成绩记分96～100分,占班级人数的30%;

91～95分,占班级人数的40%;

86～90分,占班级人数的20%;

80～85分,占班级人数的10%。

（3）有关事项:学生考试时带上本人学生证,考试中出现一些无法解决的问题,由监考教师处理、答复学生。

具体考核操作如下:

由小球团队指定同时间进行发球教试分离。每个学生有两次考试机会,两次考试取成绩好的一次。

五、身体素质测评内容和评分标准

1.12分钟跑＋引体向上(男)/仰卧起坐(女)(秋冬学期)

2.12分钟跑＋50米(春夏学期)

表4-17　12分钟跑步评分

百分制	100分	87.50分	75分	62.50分	50分	37.50分	25分
素质分	20分	17.50分	15分	12.50分	10分	7.50分	5分
男生	≥2800米	≥2600米 <2800米	≥2400米 <2600米	≥2200米 <2400米	≥2000米 <2200米	≥1800米 <2000米	≥1600米 <1800米
女生	≥2400米	≥2200米 <2400米	≥2000米 <2200米	≥1800米 <2000米	≥1600米 <1800米	≥1400米 <1600米	≥1200米 <1400米

3.身体素质评分标准:按体育中心统一规定的项目和标准进行(见表4-17和表4-18)

表4-18　学生体育课身体素质评分一览

性别		男生				女生			
等级	单项 得分	50米跑(秒)		引体向上(次)		50米跑(秒)		仰卧起坐(次/分)	
		大一、 大二	大三、 大四	大一、 大二	大三、 大四	大一、 大二	大三、 大四	大一、 大二	大三、 大四
优秀	100	6.7	6.6	19	20	7.5	7.4	56	57
	95	6.8	6.7	18	19	7.6	7.5	54	55
	90	6.9	6.8	17	18	7.7	7.6	52	53
良好	85	7.0	6.9	16	17	8.0	7.9	49	50
	80	7.1	7	15	16	8.3	8.2	46	47

乒乓球

续表

性别		男生				女生			
等级	单项得分	50米跑（秒）		引体向上（次）		50米跑（秒）		仰卧起坐（次/分）	
		大一、大二	大三、大四	大一、大二	大三、大四	大一、大二	大三、大四	大一、大二	大三、大四
及格	78	7.3	7.2			8.5	8.4	44	45
	76	7.5	7.4	14	15	8.7	8.6	42	43
	74	7.7	7.6			8.9	8.8	40	41
	72	7.9	7.8	13	14	9.1	9.0	38	39
	70	8.1	8.0			9.3	9.2	36	37
	68	8.3	8.2	12	13	9.5	9.4	34	35
	66	8.5	8.4			9.7	9.6	32	33
	64	8.7	8.6	11	12	9.9	9.8	30	31
	62	8.9	8.8			10.1	10.0	28	29
	60	9.1	9.0	10	11	10.3	10.2	26	27
不及格	50	9.3	9.2	9	10	10.5	10.4	24	25
	40	9.5	9.4	8	9	10.7	10.6	22	23
	30	9.7	9.6	7	8	10.9	10.8	20	21
	20	9.9	9.8	6	7	11.1	11.0	18	19
	10	10.1	10.0	5	6	11.3	11.2	16	17

六、课外 APP 锻炼测评标准

1. 学生课外 APP 体育锻炼评分（见表 4-19）

表 4-19 学生课外 APP 跑步锻炼评分一览

2018 级开始使用的评分表	APP 跑步锻炼					
百分制	100	90	80	70	60	0
比例分	≥48	47～44	43～40	39～36	32	<32
次数	15.0	13.5	12.0	10.5	9.0	0

84

 **知识拓展**

中国第一个乒乓球世界冠军获得者——容国团

中国著名男子乒乓球运动员容国团,1937 年 8 月 10 日生于香港工人家庭,籍贯中山县南屏镇(今珠海市香洲区南屏镇)。1959 年,第二十五届世界乒乓球锦标赛在联邦德国多特蒙德举行,容国团夺得男单冠军,为中国夺得乒乓球乃至中国体育界第一个世界冠军。回国后,毛主席、周总理等党和国家领导人接见了乒乓球代表团成员。周总理更将容国团夺冠和十年国庆视为 1959 年两件大喜事,将中国首次生产的乒乓球命名为"红双喜",乒乓球运动热情迅速在全国兴起。1961 年,第二十六届世乒赛在北京举行,容国团参加的中国队以 5∶3 击败日本队,首获男团世界冠军。1964 年后容国团担任中国乒乓球女队教练,带队获得第 28 届世界乒乓球锦标赛女子团体冠军。容国团为中国乒乓球称雄世界做出了杰出贡献。

 **学以致用**

1.站位及准备姿势的技术关键是什么?

2.乒乓球接发球技术易犯错误及纠正方法是什么?

3.推挡、攻球、搓球的技术关键及注意事项有哪些?

4.了解双打规则。

第五章　乒乓球运动中级教与学

应知导航

　　本章内容主要是针对具有一定乒乓球基础的学生所设计的。在复习初级所学的基本知识、技术和战术的基础上,进一步加深乒乓球的理论知识和裁判知识,进一步加强乒乓球技术和提高战术水平。在教学过程中采用一些组合练习来提高乒乓球的专项技术,同时采用不同形式的比赛,让每一位学生拥有体验实战的机会。比赛不但使学生对乒乓球技术与战术的掌握水平做自我评价,也使他们了解了乒乓球的竞赛及编排工作,为今后继续提高乒乓球的技术水平打下良好的基础。

第一节　乒乓球运动的准备姿势及步法

一、基本步法的种类

　　步法的概念和重要性在初级教与学中已阐述过,同时已基本掌握了单步、跨步和垫步。根据乒乓球技术水平的提高,对步法要求也不断提高。手法是否有效发挥是以步法为基本前提,通过步法的灵活运用来抢占有利的位置,才能保证击球的有效性。中级教与学中要求学生以左推右攻为打法,基本站位在近台中间偏左。而步法的学习不但要熟练掌握初级所学的内容,还要掌握跳步、并步、小碎步等步法(见图5-1)。

二、基本步法的特点应用与动作要领

　　1.并步

　　特点及应用:并步移动的距离比单步要大,在移动时身体不腾空,重心起伏小,能保持身体的平衡和稳定。适用于快攻选手在左右移动中攻球或拉球;也适用于削球选手正反手削球。并步侧身,多用于拉削球。

图 5-1　中台站位

动作要领：一脚先向另一只脚移（并）半步或一小步，另一只脚在并步脚落地后即向同方向移动（见图 5-2）。

图 5-2　并步

2. 小碎步

特点及应用：用于步法的调节。在步法移动到一定的位置时，还没有找到合适的击球点，就要通过小碎步来调整，争取更好的击球点。

动作要领：它是结合以上几种步法的组合步，起着调节身体重心、击球位置和时间的作用。

3. 跳步

特点及应用：移动范围比跨步大，利于发力进攻。常用于快攻选手左右移动击球，同时结合跨步使用，适用于弧圈类打法，由中台向左、右移动。

动作要领：以来球同方向脚蹬地为主，双足有瞬间的腾空，离来球较远的脚先落地，另一只脚跟着离地（见图 5-3）。

图 5-3　跳步

三、基本步法的技术关键

1. 一开始就应当坚持手法、步法结合训练的指导思想。

2. 判断和反应要快，处理好手法、步法与身体的协调性。

3. 两脚蹬地有力，身体移动的速度就快。

4. 以单一步法练习为基础，以复式步法练习为重点。

5.重视重心交换与腰的灵活性。"重心交换是步法的灵魂"这话一点不假。在重心交换中,腰的灵活性具有极其重要的意义。

四、基本步法的教学内容与练习方法(见表5-1)

表 5-1　基本步法的教学内容与练习方法

编号	教学内容	练习方法
1	徒手进行单步、跨步、垫步的步法练习	1.配合手,徒手进行步法练习; 2.两人一组,进行一点打两点,两点打一点的脚步练习
2	跳步、并步、小碎步的步法练习	1.根据教师或友伴喊的口令(有时也可以用手势)进行各种相应的步法练习; 2.两人一组台上练习,培养学生准确判断、迅速移动、步法与手法协调配合的能力
3	结合各人的打法和特点,进行套路学习	1.直拍左推右攻打法的主要步法:直拍左推右攻打法站位近而偏左,经常左脚在前,右脚稍后,随时准备发挥正手攻球和侧身攻球的威力。左右小范围快速移动最多,也适当配合较大范围的左右移动和前后移动,故以跳步、跨步为主,结合单步、并步、侧身步与交叉步; 2.两面攻打法的主要步法:两面攻打法站位近,稍偏左,两脚交替在前或平行站立,常用单步向左或向右的方法左右开弓。步法以单步及小范围的跨步和跳步为主,配合其他步法

第二节　乒乓球运动的发球技术

一、发球技术的种类

在初级,我们已基本掌握了平发球、奔球和反手急球的技术动作,也阐述了发球在乒乓球比赛中的重要性。发球具有很强的主动性,可以选择合适的站位,按照自己的意图把球发到对方台面任何符合规则的位置。如比赛中发球技术具有一定的威慑力,不但能直接破坏对方的战术,限制对方技术特长的发挥,使对方产生恐惧心理,增强自己的胜利信心,稳定自己在比赛中的情绪,而且还能直接得分。因此,中级班学生不但要巩固提高初级所学的基本发球技术,还要掌握正手发左侧上(下)旋球、反手发右侧上(下)旋球的技术。

二、发球技术的特点应用与动作要领

1. 正手发左侧上(下)旋球

特点及应用:以旋转变化为主,左侧上旋或左下旋较强,飞行中向右拐弯。发球动作相似时,能使对方判断失误,易接球下网或出高球。

动作要领:站位靠近球台右方,身体离台约 35 厘米,左脚在前,上体稍向右转、收腹。左手托球于腹前右侧,靠近球台端线。在向上抛球的同时,右手迅速向右上方引拍,同时,手腕略为挺起,发左侧上旋球时,手臂自右上方向左下方挥摆,球拍触球瞬间,手腕快速向左上方转动,击球中部,并由右侧中下部向左侧上部摩擦球。发左侧下旋球时,手臂自右后上方向左前下方挥拍,球拍击球的中部,并从球的右侧中部向左下侧下部摩擦球(见图 5-4 和图 5-5)。

图 5-4　正手发左侧上旋球

图 5-5 正手发左侧下旋球

技术关键:

(1)发球时要收腹,击球点不可远离身体;

(2)尽量加大由右向左挥动的幅度和弧线,以增强侧旋强度;

(3)发左侧上旋球时,击球瞬间手腕快速内收,球拍从球的正中向左侧上方摩擦;

(4)发左侧下旋球时,拍面稍后仰,球拍从球的中下部向左侧下方摩擦。

2.反手发右侧上(下)旋球

特点及应用:以旋转变化为主,右侧上旋或右侧下旋较强,飞行弧线向左偏拐。对方不易判断球的旋转,回击容易出现高球或直接下网。

动作要领:站位靠近球台左方,身体离台约 35 厘米,右脚在前,上体稍向左转、收腹。左手托球位于腹前左侧,靠近球台端线。抛球时,右手迅速向左上方引拍,拍面稍后仰,手腕适当内曲。前臂向右下方挥动。发右侧上旋球时,球拍触球瞬间,手腕向右上方转动,击球中部并向右上方摩擦球。发右侧下旋球时,球拍触球瞬间,手腕向右下方转动,击球中部并向右侧下摩擦球(见图 5-6 和图 5-7)。

图 5-6　反手发右侧上旋球

图 5-7　反手发右侧下旋球

技术关键：

（1）注意收腹和转腰动作。

（2）充分转动手腕，配合前臂发力。

（3）发右侧上旋球时，击球瞬间球拍从球的中部向右上方摩擦，手腕有一个上勾动作。

（4）发右侧下旋球时，拍面稍后仰，击球瞬间球拍从球的中下部向右侧下摩擦。

（5）球在本方台面第一跳的第一落点要适当，发长球时第一跳要在球台的端线附近，发短球时则在台中位置。

（6）引拍尤其是手腕的引拍动作要充分。

（7）手臂和手腕向前、向下的发力要讲究技巧，使球既不至于下网也不至于弹跳过高或出界。

（8）球拍摩擦球的部位和用力方向要准确，尽量用相似的动作发出旋转方向不同旋转的球。

（9）以前臂、手腕发力为主，但应注意腰部的协调配合，以提高发球的质量。

三、发球易犯错误及纠正方法（见表 5-2）

表 5-2　发球易犯错误及纠正方法

编号	易犯错误	现象	纠正方法
1	太亮板	造成第一落点靠近中台或近网，容易出界或是下网	多进行模仿练习及多球练习，不断练习手腕的发力，提高发球的质量
2	板型过于下压	撞击不够，第一落点会靠近端线，如果力量不够，可能也会下网	两人一组进行一发一接的练习，互相指正错误
3	手臂和手腕不用力	球速不快，旋转不强	通过上、下肢的协调配合，找到发球的合力点

四、发球技术的教学内容与练习方法（见表 5-3）

表 5-3　发球技术的数学内容与练习方法

编号	教学内容	练习方法
1	了解乒乓球的旋转概念	讲解乒乓球的旋转原理，通过示范、对比，让学生明确发上、下旋转球的概念

续表

编号	教学内容	练习方法
2	徒手练习手腕的发力	徒手做发球模仿练习,体会手腕的发力
3	练习引拍动作	做抛球引拍练习,体会引拍的幅度,把握手臂的力量
4	观看优秀运动员的发球技术	经常在网上看运动员的发球技术,建立动作印象
5	体会球拍与球接触点	用慢动作体会手臂挥拍的位置及拍与球的接触点
6	非球台练习	无需球台,练习抛球与挥拍触球动作的配合,提高发球的旋转强度
7	多球练习	在台前用多球练习或同学之间互相发球。练习发至固定落点与发至不固定落点
8	实战发接练习	互相练习接发球,发球者可以及时了解自己发球的效果,亦可将战术意识结合到技术训练中去

第三节 乒乓球运动的接发球技术

一、接发球技术的种类

接发球的方法多种多样而非千篇一律。即便是接同一种发球,由于每个人打法各异、技术水平不等,在回接方法上也有区别。比赛中,高质量的接发球不仅会直接得分,还可以破坏对方的抢攻,变被动为相持,变相持为主动,从而为自己的进攻创造有利条件。反之,接不好发球,不仅会给对方提供较多的进攻机会,还会引起自己心理上的紧张和恐惧。采用哪一种方法回接发球,应根据对方发球的旋转、落点及双方打法特点等诸因素而定。中级班除了巩固和提高初级班所学基本接球技术外,需要掌握左、右侧上、下旋球的接发球技术。

二、接发球技术的特点应用与动作要领

1.接左侧上、下旋球

特点及应用:左、右侧上、下旋球有斜线长球、中路长球、直线长球、短球之分。左、右侧上、下旋球有的以旋转落点为主,有的以速度落点为主。如左侧下旋斜线长球以旋转落点为主的特点是斜线角度大,旋转较强;以速度落点为主,特点是斜线角度大、速度快。

因此,左、右侧上、下旋球是一个统称。根据对方发球的速度、旋转及落点,接球时,基本采用推、攻、拉、搓、削来回接。

动作要领：

对左侧上旋球：一般用推、攻为宜。回球时,拍面要稍前倾,拍面所朝方向向左偏斜以抵消来球的左侧旋转,向前下方用力要相对加大,防止球触拍时向自己右上方反弹。如用弧圈球回接时要加大拍面前倾角度,以向前发力为主,少提拉。如用搓削回接,则要加大向下摩擦球的力量(见图 5-8)。

图 5-8　接左侧上旋球

对左侧下旋球：一般采用搓、削回击为宜。动作与回接左侧上旋球相反。回球时,拍面要稍后仰,拍面所朝方向向左偏斜以抵消来球的左侧旋,稍向上用力,防止球触拍时向右下方反弹。如用推、攻回接,要加大向上摩擦球的力量。如用弧圈球回接要注意拍面角度不宜过于前倾,多向上提拉,少向前发力(见图 5-9)。

图 5-9　接左侧下旋球

对右侧上旋球:一般用推、攻为宜。回球时,拍面要稍前倾,拍面所朝方向向右偏斜以抵消来球的右侧旋,向前下方用力要适当加大,防止球触拍时向自左上方反弹。如用弧圈球回接要加大拍面前倾角度,以向前发力为主,少上提。如用搓削回接,还要加大向下摩擦球的力量(见图5-10)。

图 5-10　接右侧上旋球

对右侧下旋球:一般采用搓、削回击为宜。回球时,拍面要稍后仰,拍面所朝方向向右偏斜以抵消来球的左侧旋;稍向上用力,防止球触拍时向自左下方反弹。如用推、攻回接,要加大向上摩擦球的力量。用弧圈球回接要注意拍面角度不宜过于前倾,多向上提拉,少向前发力(见图5-11)。

图 5-11　接右侧下旋球

2.接短球

特点及应用:短球从路线上可分为反手位、中路、正手位短球,从旋转上可分为上旋、下旋、侧旋、侧上旋、侧下旋和不转的短球。接发球的方法不但取决于你本身接发球的能力,而且要根据来球的性质及本人的技术水平、打法等因素来选择接球的方法。例如,接正手位侧下旋的短球,可摆短,也可劈长,可快挑,也可以晃接,以提高接发球的质量。

动作要领:接短球最主要是注意及时上前,以获得最适合的击球位置,同时控制好身体的前冲力量。接发球后要迅速还原,准备下一次击球。要充分依靠前臂和手腕发力,同时要根据来球的旋转性能,调节拍面角度、击球部位、击球时间和用力方向(见图 5-12)。

图 5-12　接短球

三、接发球技术的关键点

(1)对来球的性质要做出准确判断,快速移动。

(2)注意接发球配合步法,不能原地不动。同时,肘部要有支撑作用,主要利用前臂和手腕力量,大臂尽量不动,避免接球过猛出界或者接球不当下网。

(3)明确手臂用力方向及挥拍的路线。

(4)要注意回接球的弧线和落点,提高回接质量。

(5)熟练地运用接球的各项技术,提高接球的质量。

(6)为了提高回接球的质量,采用弧圈球回击,增加球的旋转,特别是来球弧线很低的时候,可以保证上台率,克服下旋球,降低失误。由于旋转的增加,无疑使得对方也不敢轻易地发力,有利于我们接发球的下一板连续进攻。

(7)在反手接短球时,可以摆短到对方正手小三角,或者中路偏正手位。还可以劈长到对方正手大角度,尽量加转,以增加对方下一板在空间上的难度。

(8)在正手位接短球,可在劈长到对方反手大角度,或者摆短到对方正手大角度。

(9)中间位接短球,横拍可以台内反手拧,略带挑打。直拍积极侧身用正手挑起来进攻,如果觉得挑打下旋困难,可以用正手晃撇到对方反手位,达到控制的目的。

四、接发球易犯错误及纠正方法(见表 5-4)

表 5-4　接发球易犯错误及纠正方法

编号	易犯错误	现象	纠正方法
1	判断有误	出网或出界	头脑冷静,做出正确的判断
2	步法移动不到位	拍与球接触点不到位	提前判断来球的方向,快速移动到接球的最佳位置
3	动作变形不协调	回球质量不高,处于被动状态	能熟练地运用上述各项技术
4	接球的瞬间球拍角度未控好	出现回接失误	进行多球练习,改正错误动作,找到合适的触球拍位

五、接发球技术的教学内容与练习方法(见表 5-5)

表 5-5　接发球技术的教学内容与练习方法

编号	教学内容	练习方法
1	脚步移动,复习接平发球、奔球及急球	1.站位及准备姿势的练习,正确判断来球,快速移动。要求接发球者在判断准确的基础上采用相对固定的接发球模式,提高接发球的质量和命中率; 2.两人一组:一人发球,另一人接球

续表

编号	教学内容	练习方法
2	接球时身体各部分要协调配合	1.接球时身体各部分要协调配合,提高接球的质量; 2.发力击球,主要靠上臂、前臂和手腕的有机配合。上臂和前臂保持约110度的夹角,根据来球性质及回击方法在发力前做适当调整,手腕和肩关节放松,击球时不论以哪一部位为主发力,其他两个部位能随发力方向做辅助用力,击球后又能迅速放松还原
3	手臂、肩、腰、腿的协调配合	要做到准确、有效地连续击球,手臂、肩、腰、腿之间必须协调配合。在移动脚步时,腰要随之让位转动,以保证挥拍击球时有合适的发力距离。又如击短球,一脚要向前,腰、肩、臂也应迎前转动,击球后再迅速还原
4	脚步快速移动	为了建立正确的动作定型,先进行单线练习,但同时必须重视与步法移动相结合。即便是单线练习,也同样有小范围的步法移动,而每次击球过程中要注意重心移动
5	多球练习	接定点和不定点及回不固定和固定落点,接不同性质的发球

下面介绍几种比赛中常用的接球技术与方法。

挑接

所谓挑接,是接短球的一种方法,分为正手挑和反手挑。从比赛的实战来看,挑接技术均适用于横(直)板运动员。挑接的动作要领是当球即将过网时,手伸进台内,同时,根据来球的方位,选择不同的脚向前跨步,将腿插入台下。以右手持拍的选手为例,如正手挑,在正手位就上右脚,在反手位,就上左脚,当一只脚伸入台下,另一脚适当跟上。在来球的高点期,击球后中部,以前臂发力撞击球为主。在击球的一瞬间,手腕有突然的微小内收(正手)和外展(反手),适当给球一点摩擦,以保证击球的准确性。挑接一定要挑出力量,要有突然性,为下一板求得主动,创造进攻条件。如挑不出力量,还不如不挑,否则会使自己陷入被动局面。

带接

所谓带接,是一种对付上旋球的比较好的办法。其特点是能够借助对方的力,再往前带,给对方的连续进攻造成一定的困难。特别是对方正、反手拉起来的弧圈球,用快带的方法变线,稳定性强、球速快、效果好。此外,在关键时的相持球中采用快带的方法,也会收到很好的效果。快带时整个过程中手腕放松触球,有利于微调球的弧线、落点并增强手感,用小臂、手腕、手指3个部位发力,但主要是借力。快带的拉手很小,主要是调整击球的位置,并根据来球高低、上旋强度,来调整拍子前倾的幅度(见图5-13)。

图 5-13　带接

撕接

所谓撕接,也称为快撕,是适合横拍反手对付下旋球的一项技术。我们业余选手往往分不开带和围,是因为这三种技术动作很接近。快带是向前用力;围封是横着向左或向右包球,用拍子在身体一侧画一个内弧;而撕球处于这两种动作之间。既向前又侧向发力触球。拍子的前倾幅度没有快带那么大,但比围球的前倾度要大一些,比快带再晚一点,要在最高点击球,这样才能体现出撕球的快捷。

拱接

所谓拱接,就是我们常说的那种挤球,根据来球的不同旋转和强度,拍子后倾,固定拍子角度,不仅拍子向前推,而且还稍有向下的动作。所以拱过去的球,就有了下旋效果。

第四节　乒乓球运动的推挡技术

一、推挡技术的种类

我们在初级中已经阐述了推挡球的种类,乒乓球推挡技术种类很多,是其他类型打法不可缺少的技术。它主要运用正手攻球和反手推挡的速度和力量,并结合落点变化和节奏变化来压制和调动对方,以争取主动或得分。从推攻战术来分析,左推右攻打法是对付攻击型打法的主要战术,有反手推挡能力具有两面攻的运动员和攻与削结合的运动员等也常使用推挡技术。中级需要掌握加力推和减力挡技术,也为今后进高级班学习打下扎实的基本功。

二、推挡球技术的特点应用与动作要领

1.加力推

特点及应用:力量重、球速快、击球点较高,能够充分发挥手臂的推压力量,有落点变化,实战中常可迫使对方离台后退陷于被动防守的局面。比赛中运用加力推可迫使对方离台,陷于被动局面,与减力挡搭配使用,更有效地调动、牵制对方,获得主动。此法适用于对付速度较慢、旋转较弱的上旋球或力量较轻、着台后弹起比网稍高的来球。

动作要领:加力推的击球时间比快推稍晚一些,在推挡过程中,站位在球台中间或偏左,身体离台约50厘米。两脚平站或左脚略前,两膝微屈,收腹含胸,身体向前或略向左转。右上臂和肘关节靠近身体右侧,前臂外旋并向上提起,引拍至身前或偏左,与球网同高或略高,拍面稍前倾,来球飞越球网时,上臂、前臂和手腕向前,挥拍迎球,同时腰与髋向左转动,在来球的上升后期或高点期击球的中上部。击球瞬间,上臂、前臂和手腕向下发力推压,腰、髋协助用力。击球后,手和髋顺势向前下方挥动,并迅速还原成准备姿势(见图5-14)。

图5-14　加力推

2.减力挡

特点及应用:动作小、力量轻,能减弱来球的反弹力,故落点近、弧线低、不旋转、前进力极弱,多半在对方来球力量大或上旋强烈(特别是在对方站位较远)的情况下使用,能调动对方上前击球。加力推与减力挡的配合运用,是对付中台两面拉弧圈打法的有效战术。一般在加力推或正手发力攻,在迫使对方离台后使用。使用减力挡的力量变化和落

点来调动对方,使其前后奔跑,然后伺机用正手或侧身抢攻,取得主动。

动作要领:站位在球台中间或偏左,身体离台约 40 厘米。两脚平站或右脚略前,两膝微曲,收腹含胸,身体向前或略向左转。右上臂和肘关节靠近身体右侧,手臂自然弯曲,引拍至身前或偏左,同时前臂外旋,使拍面稍前倾。当球在台面弹起后时,手臂向前迎球,同时身体重心略升高,球拍在上升期触球。整个动作用力很小,触球瞬间,有意识地做手臂和手腕后收的动作,拍触球的刹那间,手臂和手腕要稍向后收(也称“后吸”),以减慢回球速度,削弱来球反弹力的同时,借助来球的力量将球挡回去,回球速度加快(见图 5-15)。

图 5-15 减力挡

三、推挡球技术的关键点

1. 加力推时,击球前前臂必须提起,上臂后收,肘部贴近身体,拍离台面较高(便于形成由高向低的推压之势)。在上升后期或高点期击球。

2. 减力推时,引拍距离要小,位置略高,球拍保持合适的前倾角度。球拍在上升期触球,手臂和手腕做后收的动作,以减慢回球的速度,削弱来球的反弹力。

3. 推下旋球起板要有突然性和快速变化。

四、推挡球技术比较(见表 5-6)

表 5-6　推挡球技术比较

名称	击球前	击球时间	击球部位	发力方法
平挡球	将球拍移至来球路线	上升期	中部或中上部	前臂与台面平行,用来球反弹力将球挡回
减力挡	将球拍移至来球路线	上升期	中部或中上部	拍触球时稍向后收
快推	肘关节紧靠身体,前臂引拍至腹前	上升期	中上部	拍触球时手腕外旋
加力推	肘关节紧靠身体,前臂引拍至腹前	上升期或高点期	中上部	前臂向前推压,拍触球时利用蹬腿、转腰发力并加大前臂向前幅度
推下旋	将球拍引至胸腹之间	上升后期	中下部	前臂向前下方用力,拍面稍后仰

五、推挡球易犯错误及纠正方法(见表 5-7)

表 5-7　推挡球易犯错误及纠正方法

编号	易犯错误	现象	纠正方法
1	正手挡球时,手腕下垂,球拍与小臂垂直,称为"吊板"	击球时,动作生硬、不协调	讲解和示范正确动作,要求手腕向外展,球拍柄向左,靠近虎口
2	判断球的落点不准,拍形掌握不到位	打不到球、击球出界或下网	要提高判断能力,强调击球时的拍形角度,加强手腕的灵活性
3	推挡时,拍形前倾过大,击球时间过早	击球不过网	首先改正拍形过于前倾,击球时强调手指、手腕用力,迎球时间稍晚一些
4	拍形前倾不够,击球时间过早或过晚	球出界或控制不好球的落点	手腕外旋,手指用力,强调在上升期击球

续表

编 号	易犯错误	现象	纠正方法
5	协调用力问题,加力推时,手臂伸展不够	击球时用不上力	要特别强调大臂和肘关节前送及小臂和手腕的协调用力
6	站位过死,不会经常随来球位置的变化用小范围的移步来占据正确的击球位置	动作变样,落点无法控制	多练习步法移动,提高移动技术,先徒手练习,最后进行有球练习
7	只有手臂动作,不会运用身体重心的力量	推挡中难于发大力,动作不协调,缺乏稳定性	多练习推挡球技术并结合重心交换,在推挡中学会借力推挡
8	举拍位置过低,无法推压	易于形成自下向上的毛病,回球弧线高、速度慢,易吃加转弧圈球	及时调整拍面及击球部位
9	站位时,左脚过于靠前,难以动用腰、髋之力	影响了推挡的力量,也限制了回击角度大的来球	调整站位方法,练习用腰借力打球
10	还原不及时,动作连贯性差	命中率不高	重视击球节奏,要强调充分利用重心的移动和腰部的转动,做好还原动作

六、推挡球技术的教学内容及练习方法

在练习加力推和减力挡前,先巩固和提高初级所学的慢推和快推。熟练掌握动作要领、击球时间和接球时上、下肢动作的协调性。教学内容及练习方法见表5-8。

表5-8 推挡球技术的教学内容及练习方法

编号	教学内容	练习方法
1	复习慢推和快推	提高控制能力,两人一组,进行慢推和快推练习,互相纠正错误动作
2	引拍练习	徒手练习引拍,提高引拍的控制力。上台练习,体会引拍能增强推的力量

续表

编号	教学内容	练习方法
3	击球点	击球适当离身体远一点,两人一组练习击球点,体会正确击球点的推球力量
4	击球时间	击球时间不宜过早或过迟,把握击球时间
5	身体的协调配合	要有效地把身体各部分的力量集中在击球的一瞬间
6	减力挡的身体重心练习	击球前身体重心略升高,稍曲前臂,球拍保持合适的前倾角度
7	减力挡的击球时间	触球瞬间,有意识地做手臂和手腕后收的动作

七、推挡球技术的注意事项

1.加力推时,球拍后撤上引,目的是增大用力距离。

2.击球点适当离身体远一点,击球时间不宜过早或过迟,要有效地把身体各部分的力量集中在击球的一瞬间。

3.减力推时,引拍上臂应靠近身体,前臂前伸近球,手腕、手指调节拍形,食指用力,拇指放松。

第五节　乒乓球运动的攻球技术

一、攻球技术的种类

攻球技术是乒乓球比赛中最重要的得分技术之一。在初级已基本掌握了近台快攻的技术,中级不但要巩固提高近台攻球技术,还得学习左推右攻、侧身攻球、中远台攻球、正手快点技术等。

二、攻球技术的特点应用、动作要领及技术关键

1.左推右攻

特点及应用:一方攻击两角时,另一方结合反手位推挡和正手位攻球进行回击,称作左推右攻技术。左推右攻技术是乒乓球运动快攻型打法的一种。以反手推挡为防守的主要手段。其风格是"快、准、狠、变、转"。左推右攻的特点是站位近、速度快,先发制人。

动作要领:站位近台中偏左,判断准确,及时移动,抢占合理的击球位置。反手推时

要站到位(左脚稍前,右脚稍后),击球时,腰要跟着转动,推挡后,身体重心移至左脚,转入正手攻时,左脚蹬地,右脚迅速向右方跨步,左脚立即跟上,手臂同时快速前挥击球。击球时,拍面稍前倾,在来球的上升期击球的中上部,然后向左滑步回到反手位,恢复第一个动作的标准姿势(见图 5-16)。

图 5-16　左推右攻

技术关键:

(1)灵活熟练的移动步法和正确击球手法的协调配合。

(2)左推时正确判断来球,控制好球拍的前倾角度。

(3)右攻时重心落在右腿上,由外向内做弧线挥拍,挥拍击球至额眉间。

(4)正手进攻时要果断,敢于发力。

2.侧身攻球

特点及应用:速度快、力量大、攻势强,是通过快速的步伐移动,以便使用正手进攻来增强反手位进攻能力的一项技术,多用于左半区来球。

　　动作要领:站位于侧身位,左脚在前,右脚在后,在转腰侧身的同时引拍。若攻下旋球,拍形稍立,引拍位置稍低一些;若是打上旋球,拍形稍前倾,引拍位置稍高。击球动作与正手攻球的各种击球动作基本相同,只是拍面方向和发力方向不同;若打斜线球,拍面对准右侧方;若打直线球,拍面对准回球正前方。击球后,随势挥拍,并根据对方回球情况迅速还原,准备回击下一板球(见图 5-17)。

　　横拍正手侧身攻球动作要领与直拍基本相同。

图 5-17　侧身攻球

技术关键:

(1)步伐移动迅速,选位基本正确,如有不足可以通过手法的调节进行弥补。

(2)引拍动作不要过大,注意运用腰的转动。

(3)击球点在身体的侧前方。

(4)要主动迎击来球。

3. 中远台攻球

特点及应用: 动作幅度大,进攻性强,稳健性好。正手中远台攻球是相持阶段运动员在中远台进攻的一项技术,多用于对攻中,以力量配合落点变化直接得分或为扣杀创造条件,也用于侧身后扑正手回球。防御时,在相持中寻找机会。也是削球选手削中反攻的技术。

动作要领: 站位与正手攻球基本相同,但身体离台稍远,约 1 米。引拍时,身体重心比攻球稍低,上臂与身体夹角约为 70 度,肘关节夹角为 140 度,前臂自然弯曲,约与地面平行。手臂在腰、髋的带动下引拍至身体的右侧后方,拍形接近垂直。击球时,大臂、前臂同时在腰、髋的带动下,在来球的下降前期击球中部,击球瞬间爆发性发力。击球完毕,球拍随势挥至左侧前上方,身体重心由右脚移至左脚,并迅速还原准备下一板击球(见图 5-18)。

图 5-18　中远台攻球

技术关键：

(1)加大向右手方引拍幅度,是为了增大击球的动作半径。

(2)上臂带动前臂发力,前臂向前,以手腕向上发力为主。

(3)身体其他部位的协调用力不可或缺。

4.正手快点技术

特点及应用：正手快点,俗称正手台内攻球,具有站位近、动作小、速度快、线路活、突击性强等特点。在接对方发至右半台的近网球时,运用得好可变被动为主动,是直拍、横拍快攻选手的一项主要技术。用于处理近网下旋短球时,或在对搓中突击起板,或在对付削球时,利用这一技术可直接得分或为扣杀创造机会。

动作要领：站位靠近球台,面对来球时,右腿向前迈出,身体探入球台内,手臂向前伸。手腕配合前臂向后有一小引动作,前脚掌着地的同时,手腕、前臂向前上方挥拍击球,手指、手腕发力。根据不同角度的旋转,拍形和击球部位要有一定的调整。如果来球是上旋,那么拍形稍前倾,手臂稍抬高,击球的中上部,手腕迅速向前压;如果来球略带下旋,拍形垂直,击球的中部,手腕有一个向前稍微向上的动作,然后向前压;如果来球下旋比较强烈,拍形应稍后仰,击球的中部或中部偏下,向前上方用力。击球完毕后,立即蹬地使身体还原,准备回击下一板球。

技术关键：

(1)击球前,持拍手臂不宜伸得太直。

(2)用中等力量击球较为合适。

(3)应根据来球的旋转性质与强度,调节好拍面角度、击球的部位和发力的方向。

三、攻球的技术比较(见表5-9)

表5-9　攻球的技术比较

名称	击球前	击球时间	击球部位	发力方法
正手攻球	手臂自然弯曲并内旋,前臂向后引拍	高点前期击球	中上部	前臂快速向左上方挥动,手腕外展
反手攻球	前臂外旋使拍面略前倾,上臂肘关节靠近身体	上升期击球	中上部	肘关节内收,前臂加速向右前方发力并外旋
侧身正手攻球	移位转体,身体侧对球台	高点前期击球	中上部	运用下肢和腰腹力量,控制好挥臂方向和击球角度
台内攻球	直接将拍伸入台内	高点期击球	中上部	以手腕发力为主,向左前方挥拍挑打

四、攻球易犯错误及纠正方法(见表 5-10)

表 5-10　攻球易犯错误及纠正方法

编号	易犯错误	现象	纠正方法
1	站位错误:初学者容易平行站位或前后站位,加之不会调节和控制拍面角度	攻球时易出左边线	讲解示范,强调动作要领
2	拍面方向错误:横拍手手腕过度外展,直拍手手腕过度内旋,都会导致拍面过度前倾	易造成漏球、掉球、无意滑板及失球	注意手腕的控制以及根据来球调整拍面的角度
3	直拍手推与攻动作交换不及时	无法控制落点	徒手练习左推右攻动作,一人推,另一人练习左推右攻
4	步法移动和手法配合不协调	无法控球	徒手结合单步移动做左推右攻练习
5	击球时机及击球部位错误:不是在球反弹到网高时击球	击球过早或过迟	不断强调击球时间,应在球的上升期击球或在球反弹到网高时击球,击在球的后中上方
6	摩擦大于击打	击球力量不够,球速不快	攻球时是应该有擦有打,但近台快攻不是以摩擦为主,而是以击打为主
7	肘关节外张过度,抬肘造成拍面朝下,击球上方	使攻球下网	控制肘关节外张,要做到沉肩垂肘
8	侧身攻球时脚步移动时机过早或过晚	失去主动机会或降低击球质量	侧身一般在对方球拍触球瞬间开始移步,并在侧身移位过程中引拍,根据对方回球调整侧身位置的远近
9	用同样的动作和拍形回击不同旋转和高低的球	击球失误	练习时应提高判断、应变能力,即根据来球旋转和高低调整触球部位和发力方向
10	反手攻球时上臂和肘关节挥出过多	发不出力,击出的球呈直线或侧旋	击球前要求上臂、肘关节自然靠近身体,击球时肘关节内收

五、攻球技术的教学内容与练习方法（见表 5-11）

表 5-11　攻球技术的教学内容与练习方法

编号	教学内容	练习方法
1	徒手练习	通过示范、讲解、分析，建立正确的攻球动作概念
		按照该技术结构，在台下做上肢徒手模仿练习，以领会动作要点
2	结合步法练习	在原地做上肢徒手模仿动作的基础上，结合步法做左推右攻的徒手练习
3	上台练习	台上单个动作练习，规定一人发球，一人练习攻球，打一球后再重新发球
		一推一攻及左推右攻的练习：可先在中线范围一推一攻，要求先轻打，勤加练习以提高命中率和体会攻球动作结构，然后用中等力量快打
4	定点与不定点练习	两人一组，一人练推挡，一人练正手攻。先练攻斜线，再练攻直线；先练定点小范围左右移动中攻，再练定点 1/2 台、2/3 台范围内左右移动中攻；先练不定点 1/2 台范围内左右移动中攻，再练 2/3 台范围内左右移动中攻

六、攻球技术的注意事项

1. 要练好左推右攻必须着重练习推接、推挤及正手攻球技术。
2. 结合自己的打法有侧重地练习，如脚步的移动或正手的攻球技术等。
3. 要注意放松还原，不断调整击球位置。
4. 击球动作的完成，必须依靠腰髋发力，才有杀伤力。

第六节　乒乓搓球技术的运用与练习

一、搓球技术的种类

搓球是近台和台内回击下旋球的一种比较稳健的技术，虽然没有攻击性，但是在乒乓球运动中各种类型打法都缺它不可。搓球力量小、速度慢、旋转和落点变化多、线路短，球弹起后多在台内，缺少前进力，对方不易发力进攻，故可作为过渡技术以等待或创造进攻机会。

　　搓球技术种类繁多,按击球位置的不同可划分为正手搓球和反手搓球,按击球时间的早晚可划分为快搓和慢搓,按球的旋转强度的不同可划分为搓转与不转,按旋转方向的不同可分划分为下旋和侧旋等。在初级教学中,学生已基本掌握了慢搓和快搓的基本技术,中级在初级的基础上教学搓转与不转球和搓侧转球技术。多练习搓球可以使学生了解球的旋转,在今后的实战中能得以运用。

二、搓球技术的特点应用与动作要领

　　1. 搓转与不转

　　特点及应用:它是以相似的手法使搓出的球产生加转或不转的不同特点来迷惑对方,使之判断错误而直接得分,或为抢攻创造机会。在对搓中,把旋转变化与落点变化巧妙地结合起来,可以获得更多的进攻机会。在对付削球时,能使自己从被控制的局面中解脱出来。

　　动作要领:站位靠近球台,根据击球的旋转原理,搓加转与不转球主要取决于作用力线是远离球还是接近球心。若球拍击球的作用力线偏离球心,摩擦力量大,旋转力强,即为加转球,搓球时应加大引拍距离和拍面后仰角度,并用球拍下半部摩擦击球的中下部。若作用力线通过球心,撞击力大,旋转不强,即为不转球。搓球时应缩短引拍距离,减小拍面后仰角度,并用球拍的上半部或中部撞击球(见图5-19)。

图 5-19　搓转与不转

技术关键：

(1)加转是前提,转与不转间差异越大越有威力。

(2)搓且转时,以手腕爆发式用力为主。

(3)仅搓不转时,摩擦球少,要注意回球的弧线。

2.搓侧旋转

特点及应用：搓侧旋转具有动作小、速度较快、旋转变化大等特点。在比赛中,用于接发球或对搓中的过渡,以侧旋变化来控制、调动对方,降低对方回球质量,伺机进攻。

动作要领：站位近台。反(正)手搓右(左)侧旋转时,身体重心顺势前移。击球时手臂略抬起,手腕稍外展,拍面稍后仰,在高点期或下降期击球,用力方向为左(右)侧挥动发力,手腕稍曲(伸),辅助球拍用力摩擦球的右(左)侧中下部。击球后随势挥拍,并根据对方回球情况迅速还原,准备回击下一板球。

技术关键：

1.以肘部为支点来完成击球动作。

2.手腕相对固定。

3.向后引拍时,前臂横放在身前。

4.击球时依靠手腕向前的小动作加强对球的摩擦。

5.正手击球瞬间以前臂为主向左前发力摩擦球,反手击球瞬间以前臂为主向右前发力摩擦。

6.直拍选手的手腕向左(正手)有一勾挑动作,也可以向左(右)前上勾挑出在侧上旋球。

三、搓球技术比较(见表5-12)

表5-12 搓球技术比较

名称	击球前	击球时间	击球部位	发力
正手搓球	略向后上方引拍,拍面稍后仰	快搓击球上升期;慢搓击球下降期	中下部	向左前下方用力,前臂、手腕适当加力
反手搓球	手臂自然弯曲,拍面稍后仰	快搓击球上升期;慢搓击球下降期	中下部	快速向前下方挥摆
搓侧旋	手臂外旋,球拍稍后仰	下降期	中下部	向异侧方向加速摩擦球体

四、搓球常见错误及纠正方法(见表 5-13)

表 5-13　搓球常见错误及纠正方法

编号	易犯错误	现象	纠正方法
1	拍形错误:拍形后仰过度,摩擦球太薄	球易在拍上打滑	调整拍形,注意挥拍路线,通过调整用力方向和拍面角度来调整弧线
2	滥用手腕,造成腕、臂用力脱节	搓球时难以加转,搓球时失误率增加	以前臂为主,再结合手腕的力量进行练习
3	未根据来球的旋转和高、低、长、短变化而调整动作	易吃对方旋转	根据不同来球调整搓球动作。如来球下旋强烈,则应拍形后仰,增加向前的力量。来球不转,则应将拍稍竖,增加向下的力量。加强对来球的判断能力,以提高应变能力
4	接球前拍形过于垂直	容易搓球下网	调整拍形的角度去搓强度不一的下旋球
5	脚步移动不及时	搓球的准确性降低	多球练习不同角度搓球的步法
6	重心太高,上、下肢动作脱节	搓球不到位,容易失误	徒手做上下肢的协调配合练习
7	搓球时没有向后上方引拍,缺少用力距离	击球力量不够	徒手练习引拍动作,多球练习引拍击球
8	搓球的部位及时间不正确	球的旋转力度不够	加强搓球部位在球的后中下部及搓球时间在球的下降前期的练习
9	搓球时直上直下	球容易下网	搓球时应该有一定的弧线

五、搓球技术的教学内容与练习方法(见表5-14)

表5-14　搓球动作的练习方法

编号	教学内容	练习方法
1	建立转与不转的动作概念;如果摩擦的成分多,则是转的,如果撞击的成分多,则是不转的。相对应击球时球板的击球点来讲,如果击球点在球板的下面,则摩擦距离大,球是转的,用球板的上面击球,因摩擦距离小,球就是不转的	1.搓球练习,反复讲解、进行正面示范和侧面示范,建立动作概念; 2.徒手挥拍模仿练习; 3.由左上向右前下弧形挥臂,在球的下降前期,小臂、手腕用力击球后中下部,重心跟随向前; 4.复习慢搓和快搓,提高动作的正确性
2	表象法	对着镜子进行挥拍练习,检查动作是否准确。看图片、录像,掌握动作的要领,理解技术要点
3	语言诱导,可以是教师或学生的提示语言	1.在练习中,老师或同学不断地提醒常出现的错误动作。如对于重心移动、引拍、触球时的拍面、挥拍的路线还原等可通过关键字提醒; 2.也可以是自我的暗示
4	自抛、自搓练习	体会动作要领,纠正击球时机、击球部位、用力等方面的错误
5	限制法练习	通过标记限制、物体限制、高度限制进行搓球练习; 如标记限制:在墙上画上一条与练习者相符的搓球弧线,练习者在靠墙半步远的位置站立,顺线来回挥拍。纠正向右侧拉的附加动作
6	变换法练习	1.原地单线固定搓球练习:纠正击球时机、击球部位、用力方向等; 2.降低练习难度:把球网降低进行练习,同时,纠正搓得太高及拍形角度; 3.增加练习难度:把球网适当增高,可以纠正拍形垂直、球下网频率高的错误

续表

编号	教学内容	练习方法
7	多球强化练习	1.通过连续搓球,可以加速动作定型,纠正动作不连贯、不协调等方面的错误; 2.搓球是把旋与不转及落点变化巧妙地结合起来,以获得更多的进攻机会
8	进行各种搓球动作练习	1.搓球变线; 2.搓球中长、短结合; 3.正、反手搓球结合

第七节　乒乓球运动的基本战术

一、基本战术的概念

我们在初级已阐述乒乓球战术的概念、技术与战术的区别和联系。在平时的练习中,只有带着战术意识去练技术才能练就真正实用的技术,才能在比赛中充分发挥水平。中级的学生不但要理解战术的重要性,还要懂得战略与战术的区别与联系。战略是研究比赛全局指导规律的,而战术是研究比赛局部指导规律的。战略和战术是全局性和局部性之间的关系,战略是整体的、全面的,战术是个别的、具体的。战术是为战略服务的,是一种关于综合技术、心理和身体素质的方法,而战略决定着全局的成败,起着决定性作用。

在初级的教学中,我们基本掌握了发球抢攻、接发球抢攻及双打的规则,中级教学在此基础上要不断提高技术和战略能力。

二、中级要学的基本战术

1.发球抢攻技术

发球战术的特点与方法:发球抢攻是我国直板快攻打法的"撒手锏",是力争主动、先发制人的主要战术。各种类型打法的运动员都普遍采用发球抢攻来抢占每个回合的上风,发球战术运用的效果主要取决于发球的质量和第三板进攻的能力(见图5-20)。

常用的发球抢攻战术有:

(1)正手发转与不转。

(2)侧身正手(高抛或低抛)发左侧上(下)旋球。

图 5-20　发球抢攻

（3）反手发右侧上（下）旋球。

（4）反手发急球或急下旋球。

（5）下蹲式发球。

注意事项：

（1）注意发球抢攻的配合。

（2）注意发球抢攻与其他战术的配合。

（3）注意提高发球的质量，将旋转、落点的变化结合起来。

（4）抢攻应大胆果断，不论对方是用搓还是拉等技术接发球，自己都应抢攻。

（5）从易到难，练习双方应密切配合。

2.接发球抢攻战术

接发球战术的特点与方法：接发球战术与发球抢攻战术一样重要，接发球水平的高低可以反映运动的实践能力以及各项技术的应用程度。事实上，接发球者只是暂时处在被控制状态，如果你破坏了发球者的抢攻意图或者为他制造了障碍，减弱了对方抢攻的机会，也就意味着已经脱离被控制状态，变被动为主动了。控制与反控制是辩证统一的。学会接发球抢攻的方法，掌握接发球抢攻的技术，对整个比赛的战局将会形成很大的影响（见图 5-21）。

图 5-21　接发球抢攻

常用的接发球战术：

(1)用快点、快攻或中等力量突击进行接发球抢攻。

(2)盯住对方的弱点处，寻找突破口。

(3)控制接发球的落点。

(4)正手侧身接发球。

注意事项：

(1)由于接发球抢攻是在对方主动发球，自己处于被动的接发球地位时所采取的进攻性打法，所以难度较大。接发球抢攻一般不可太凶，要看准来球的旋转方向、旋转强度和高度，采用适当的方法进攻。接发球抢攻动作结束后，要立即做好对攻或连续攻的准备，以便继续处于主动地位。

(2)接发球抢攻、抢冲的力量越小，越要注意球的路线和落点，一般应多打在对方反手，若对方反手强而正手弱，则可多打在对方正手。

3.对攻战术

对攻战术的特点与方法：对攻战术是进攻型打法在相持阶段常用的一项重要战术。快攻类打法主要依靠反手推挡(或反手攻球)和正手攻球的技术，充分发挥常用的对攻战术的特点来调动对方(见图 5-22)。

图 5-22　对攻战术

常用的对攻战术有：

(1)紧逼对方反手，伺机抢攻或侧身抢攻、抢位。

(2)压左突击。

(3)调右压左。

(4)攻两大角。

(5)攻追身球。

注意事项：

(1)变化击球节奏,加力推和减力挡结合,发力攻、拉与轻打轻拉结合,也可造成对手的被动局面。

(2)改变球的旋转性质,如加力推后,推下旋,正手攻球后,退至中远台削一板,对方往往来不及反应,可直接得分或创造机会球。

三、战术的基本练习方法

1.变换击球线路

特点：

(1)学习、熟悉某一单个技术或改进某动作的某些缺点。如通过看右方斜线的中台对攻,解决攻球时用腰腿协调发力的问题。

(2)单一线路上两种或两种以上技术的配合及其战术练习。如为加强左半台的进攻能力,可采用左半台对练的方法。在左半台范围内,将发球、接发球、挡、攻、搓多种技术相结合,并带有一定的战术意识。

练习方法：

(1)按规定的单一线路进行单一技术的练习,如右方斜线对攻。

(2)按规定的单一线路进行两个或两个以上技术的练习,如右方斜线的削中反攻练习。

注意事项：

(1)在实际训练中,所谓的单线练习,常是规定击球区域的练习,如两条斜线经常是以对角半台为界,两条直线往往是以同边半台为界。

(2)即使是进行单一线路的单一技术练习,也不能原地不动地打球,最起码应有单步或小碎步式的重心交换。

2.进行两点打一点或一点打两点的练习

特点：

(1)两点打一点,可提高将技术结合起来的技能,如反手推挡与正手攻球的结合、反手攻球与正手攻球的结合等。也可提高步伐的移动速度,特别是用一种技术(如正手攻球)在走动中击球时。

(2)一点打两点者,可提高控制与变化落点的能力。

练习方法：

(1)两点打一点者有规律地变化左右落点。如一左一右,一左两右等,又如正手2/3台移动攻球。

(2)一点打两点者,可在摆速练习时,反手推结合反手攻或侧身攻。

(3)无规律地变化左右落点。

注意事项：

(1)循序渐进、由易到难。无规律变化的练习难度大,应在有规律变化的练习基础上进行。

(2)陪练者(一点打两点者)击球的速度和落点、角度的变化应适应练习者的水平,设定的练习目标最好是练习者经努力后即可完成,技术难度太低或太高对练习者都是不利的。

(3)对于不同的练习目的,应有不同要求,如练习反手推挡结合正手攻时,要求用跨步或并步。练习正手 2/3 台走动攻时,要求用并步或滑跳步。

(4)除此之外,还须注意不能用降低技术质量的方法进行敷衍式的练习。如练习推、侧、扑时,不能用勉强的小侧身攻。

第八节　双打的战术

我们在初级的教学中清晰地介绍了双打的规则,因此本节不重复介绍。由于双打是两人协同作战,各人的技术特长和风格不同,为此,在战术运用上比单打要复杂一些。除了要很好地研究对方的特点外,还要根据配对两人的特点来确定战术运用策略。在双打比赛中,先发制人、力争主动的战术思想尤为突出,往往在前三板中就决定一分球的胜负。即使是以削球为主的配对,也应积极贯彻防御思想,力争以旋转和落点的变化控制对方,伺机组织进攻。

一、常用的战术种类

1.控制较强者,主攻较弱者

这是进行双打比赛的一种战术安排。双打配对两人无论技术水平多么接近,其攻击力总会有区别。因而大都选择对方技术水平相对较低,攻击力相对较弱者作为主要攻击对象。为了选准主要的攻击对象,事先必须将对方的技术情况、打法特点了解清楚。如对方为 A、B 两人,A 的技术较好,攻击力较强,本方就应根据各局比赛发球和接发球的顺序,对 A(较强者)进行严密的控制,尽可能不给或少给 A 主动进攻的机会。实现这一战略意图后,再出机会球。

2.发球抢攻

发球者发球时,可用手势暗示同伴要发出什么球,以做好抢攻的准备。另外,同伴有时也可主动暗示发球者发什么球,直接为自己下一板创造机会。

3.紧盯一角,突袭另一角

紧盯对方一角,把对方两人挤在一边,迫使他们在一角匆忙交换击球位置,在此过程中,突然袭击对方的另一角,打出机会球,进行扣杀。

4.交叉攻两角或长短结合

把右手握拍向左移动的人调到右边去,把左手握拍向右移动的人调到左边来;把近台攻的人挤到后面去,把中台进攻的人引诱到近台来。这样,就打乱了对方的基本站位和基本跑位方法,破坏了对方的协调配合,同时为扣杀创造机会。

5.各施所长

双打和单打一样,在制订作战方案和采用战术时的基本方略是能充分发挥两人特长。如果配对两人,一人防守较好,一人进攻较强,一般由防守好的人来抵挡对方的强者,进攻强的人负责攻击对方弱者,以突破对方的防线。

二、选择次序

由于规则,双打比赛中四人轮流击球的顺序是固定的,因此,选择有利于自己的发球、接发球的次序,就相当于占得了先机。

1.以强打弱

当双方组合中两名同伴的水平差异明显时,应力争以本方的强手打对方的弱手。

2.以强打强

当搭档的两人水平相对接近时,可选择以强打强。因为弱手的攻击力和控制力不如强手,本方强手便于从中寻求机会攻击对方的强手,即使不能一击而中,本方弱手再补板也较为容易。

3.球路相克

如果本方一人特别适应对方某一名选手的球路,应尽可能选择这种次序。

4.力拼开局

当本方先发球时,应由本方发球技术较好的选手为第一发球员,以争取开局主动。

三、发球与发球抢攻

双打的规则对接发球方更为有利,因此发球时更须深思熟虑。

1.讲究发球落点

以近网或半出台且接近中线的球为好,适当配合近中线的急球。若对方接发球者是左手握拍,也可发球至对方反手小三角。如果有把握发球抢攻,发球不宜太短,否则对方也易回短,反而不利抢攻。如对方站位过于近台,或右手握拍者准备用反手接发球,可发斜线大角度急球。此外,双打发球必须注重弧线低、出手快,以限制对方接发球抢攻。

2.做好两手准备

双打时发球抢攻的难度较大,因此发球后必须做好两手准备:既要在出现机会时果断抢攻,又要有在对方接发球抢攻时积极防御的准备。

3.多为同伴考虑

自己发什么球,不仅要告诉同伴,更要从战术上多为同伴考虑。比如同伴擅长抢冲下旋球,自己发球时就宜以加转下旋为主,迫使对方搓接,利于自己同伴抢攻。

四、接发球与第四板

1.积极主动

双打接发球,更应积极主动,力争抢攻或为同伴创造机会。对长球尽量抢冲,对短球以挑为主,配合摆短、拧撇。

2.灵活变化

在难以接发球抢攻时,应灵活变化回球方式,增加对方的难度。比如,以短回短,回至对方下一板接球者的反手位小三角;或回其正手位斜线大角,迫使对方必须交换站位才能击球;或盯住对方下一板接球者的弱点。

3.紧密衔接

第四板球是连接前三板与相持球的枢纽,直接关系到本方是主动相持还是被动相持,因此,若能上手抢攻最佳,若无法上手时,至少要用一定的速度和旋转压制对方,并严谨控制落点,避免被对方从容抢攻。

五、相持

1.主次分明

一对搭档中,通常必须明确谁主谁次,战术意识好、攻击力强的选手为主攻手,先发动进攻,副攻手及时跟进补板。

2.控强攻弱

严密控制对方组合中的强手,适当凶狠,不给其主动进攻的机会,而把对方的弱手作为本方的突破口,力争在其身上得分或为下板冲杀创造机会。

3.打开角度

来回中以打对方两条斜线为主,争取把角度打开,待其跑动中露出空当时,再伺机突袭。

4.连压一角

连续攻击对方相对较弱的一角,迫使其两人挤在一起、让位困难,再伺机打空当或追身。

5.连续追身

连续追打对方近身,如对方选手C击球后,本方仍向C方追身打,迫使对方两人相撞,继而突袭空档。

6.逆向思维

有意打乱对方组合的基本思路,比如把对方原本负责近台进攻的人逼到退台,而把对方擅长中台的人诱上近台。

第九节 中级乒乓球运动技术评价

一、主要内容及学时分配

1. 基本技术:18 学时;

2. 身体素质:10 学时;

3. 理论:2 学时;

4. 考试:2 学时;

5. 体质测试:2 学时(课外);

6. 运动安全理论课:2 学时(秋学期:一年级新生,课外);

7. 理论考试:1 学时(课外)。

二、测评内容和比例

春夏、秋冬学期学生体育课成绩评价指标及权重(见表 5-15)。

表 5-15 春夏、秋冬学期学生体育课成绩评价指标及权重一览

指标类别	权重	评价指标
运动专项	40%	根据不同专项特点,实行教考分离
身体素质	25%	春夏:12 分钟跑(20 分)+50 米(5 分);秋冬:12 分钟跑(20 分)+引体向上(男)/仰卧起坐(女)(5 分)
体育理论	10%	体育理论,包括运动与健康知识、专项理论知识(指定本校教材)、运动安全与卫生、体质健康测试等,进行网络考试
学习过程	10%	专项教学课与专项辅导课。出勤率(迟到、早退、请假、旷课)扣分标准按学生体育手册执行,以记录学生上课过程中的表现
课外锻炼	15%	1.有效跑距和次数:每次男生 3.5 千米、女生 2.5 千米;每周"浙大体艺"APP 跑不得少于 2 次。具体评分办法见表 4-3; 2.有效时段和时间:春(秋)学期第一周至夏(冬)学期第七周,上午6∶00—7∶30,下午 15∶30—22∶30,每次有效跑距完成时间为 12~45 分钟; 3.锻炼地点:校园和操场均可; 4.特殊天气:如遇雨、雪等特殊天气周可用其他周补齐

三、学习评价

1. 学习目标

通过中级乒乓球内容的学习,巩固、提高乒乓球基本技术,掌握乒乓球左推右攻技术、侧身攻球、发上下旋球及侧旋球,掌握一些组合技术。

发球考试使学生能更好地掌握发球技术。发球技术是乒乓球运动各种类型打法中的重要技术,也是乒乓球比赛开始第一板先发制人的重要技术,好的发球技术在比赛中具有一定的威慑力,不但直接破坏对方的战术,限制对方技术特长的发挥,而且还能直接得分,能使运动员在比赛中占据主动。因此,学好发球技术既能增加学生对乒乓球的学习兴趣,也能使其在今后的比赛中增强自信心。

乒乓球比赛使学生能把所学的乒乓球各项技术用于实战,更有效地提高乒乓球的技术、战术水平,同时培养了学生的沟通能力和拼搏精神,也能在比赛中深刻了解裁判规则及组织编排工作。

通过素质练习,不断提高学生的身体素质,发展学生耐力、力量、速度、灵敏度和柔韧性。

2. 学习评价

达到乒乓球中级水平的要求,不断提高集体意识,乒乓球的基本技术步法的灵活运用水平以及各项身体素质得到进一步提高。通过比赛,学生能对乒乓球技术做自我评价,提高组织、参赛以及临场裁判的工作能力。具体评价内容见表5-16。

表5-16　学习评价一览

测试项目	优秀		良好		及格	
	男	女	男	女	男	女
直拍左推右攻/横拍反手拨、正手攻(正反手各击球一次为一组)	30	20	20	15	15	10
发指定旋转球到指定台区内(连发10个,累计有效次数)	10	9	8	7	6	5
两人对搓球	30	25	25	20	15	10
3米往返移动(来回为一次,计时30秒)	28	23	25	20	20	18

四、测评内容和评分标准

考试方案一

1.专项技能测评内容:1分钟左推右攻次数+技术评定

具体考核操作如下:

由小球团队指定同一时间进行一分钟左推右攻,教考分离。每个学生有2次考试机会,每次1分钟,失误次数不计(学生两人一组,自由组合。送球的同学失误必须停止计时,考试的同学失误不停止计时),2次考试取成绩好的一次。开球后即开始计时,当球再回到考试同学拍上为一个来回,计一次,然后以此类推,1分钟结束后停表报次数。技术占30分,技评占10分,共40分。

2.专项技能评分标准

(1)左推右攻技术评定标准及评分(见表5-17和表5-18)

表5-17　左推右攻球技术评价标准一览

A标准	攻球动作准确、协调,击球有节奏,有速度,有力量,落点准确,还原自然
B标准	攻球动作基本准确、协调,击球有节奏,有一定速度,力量弱,落点较准确,还原自然
C标准	攻球动作基本合理,击球动作不协调,节奏感差,速度慢,力量弱,落点不准确,还原差
D标准	攻球动作不合理,击球动作不协调,节奏感差,速度慢,力量弱,落点不准确,还原差,未完成技术动作

表5-18　正手左推右攻技术评分表

技术评定	A+	96~100分	B+	81~85分	C+	66~70分	D	59分以下,须补考
	A	91~95分	B	76~80分	C	61~65分		
	A-	86~90分	B-	71~75分	C-	60分		

(2)一分钟左推右攻的个数评分标准(见表5-19)

表5-19　考核评分一览

分数	左推右攻球(次数/分)	分数	左推右攻球(次数/分)	分数	左推右攻球(次数/分)	分数	左推右攻球(次数/分)	分数	左推右攻球(次数/分)
100	30	90	25	80	20	70	15	60	10

续表

分数	左推右攻球(次数/分)	分数	左推右攻球(次数/分)	分数	左推右攻球(次数/分)	分数	左推右攻球(次数/分)	分数	左推右攻球(次数/分)
99		89		79		69		59	
98	29	88	24	78	19	68	14	58	9
97		87		77		67		57	
96	28	86	23	76	18	66	13	56	8
95		85		75		65		55	
94	27	84	22	74	17	64	12	54	7
93		83		73		63		53	
92	26	82	21	72	16	62	11	52	6
91		81		71		61		51	

考试方案二

具体考核操作如下：

由小球团队指定同一时间进行发球，教考分离。每个学生有 2 次考试机会，2 次考试取成绩好的一次。

考试内容：

1. 正手或反手发至规定的左右两角的区域内。占总成绩的 10%（区域大小另定）。

2. 乒乓球比赛。占总绩的 30%。

考试方法：

1. 考生站于本方球台可采用任何技术进行发球考试，向右边发 5 个，向左边发 5 个。以考生发球成功的次数换算为最后成绩。

2. 要求考生必须按乒乓球的规则进行发球考试，如发球犯规，算失球 1 个。

3. 乒乓球比赛第一阶段采用分组循环制，第二阶段采用淘汰与附加赛制，三局两胜。决出班级学生名次。

4. 中级班若女生或男生不足 5 人，则不分男女组。

评分标准：

1. 发 10 个球，向右边发 5 个，向左边发 5 个，每发 1 个至规定的区域得 10 分，2 个 20 分，以此类推，10 个为 100 分。

2.按比赛成绩记分:96～100 分,占班级人数的 30％;

　　　　　　　　　91～95 分,占班级人数的 40％;

　　　　　　　　　86～90 分,占班级人数的 20％;

　　　　　　　　　80～85 分,占班级人数的 10％。

具体考核操作如下:

由小球团队指定同一时间进行发球教考分离。每个学生有 2 次考试机会,2 次考试取成绩好的一次。

知识拓展

庄则栋

1940 年 8 月 25 日出生于江苏省扬州市,自幼喜爱乒乓球运动,1959 年入选中国青年乒乓球队,是 20 世纪 60 至 70 年代中国男子乒乓球队主力队员之一,曾获得第 26—28 届世乒赛男子单打冠军。1971 年 4 月,在日本名古屋参加第 31 届世乒赛期间,冒着风险,结交美国运动员 Glenn Cowan,打开了中美两国友好的大门,开启"乒乓外交"大事,改变了世界政治格局,因此得到毛主席和周总理的高度赞誉。曾任国家体委主任,中共十届中央委员,第三、四届全国人大代表。

学以致用

1.阐述乒乓球左推右攻的动作要领与技术关键点。

2.接发球技术关键有哪些?

3.推挡球的技术差异表现在哪几方面?

4.阐述搓球易犯错误及改正方法。

第六章　乒乓球运动高级教与学

应知导航

　　本章内容主要是针对具有一定乒乓球技术水平的学生所设计的,内容除了复习初、中级所学的乒乓球基本知识、技术和战术外,在教学中主要是采用班级的教学比赛和与乒乓队校队进行各种形式的比赛的方式,提高学生的实战能力,同时也为学校组织的"三好杯"等比赛做编排及裁判工作。学生通过身体素质练习,可不断提高耐力、速度、力量等素质。

第一节　乒乓球脚步移动技术运用与练习

一、脚步移动的种类

　　基本步法是衡量一个人步法移动是否合理、协调的重要因素。其对各种技术动作、战术运用都有承上启下的积极作用。在初、中级我们已掌握了一些脚步的移动技术,也明白脚步移动在乒乓球技术中的重要性,尤其乒乓球水平越高,越体现它在比赛中的重要地位。我们在练习脚步移动技术之前还要了解各种打法的站位:弧圈球为主打法,基本站位在中台偏左;横拍攻、削结合,站位在中台附近;以削为主打法,基本站位在中远台。高级班的学生学习脚步移动基本要掌握侧身步、跨步侧身、跳步侧身、交叉步及交叉步侧身,这是提高乒乓球水平的技术之一。

二、基本步法的特点应用与动作要领

　　侧身步是根据乒乓球实战的具体情况在侧身位的应用。当来球逼近击球员身体或反手位时,击球员须采用侧身进攻的方法。常用的侧身步有单步侧身、并步侧身、跨步侧

身、跳步侧身、交叉步侧身等。

1. 单步侧身

特点及应用：移动速度较快，移动步伐很小。通常在来球处于身体中间附近的位置或与对方相持的情况下使用。

动作要领：右脚向左脚后方跨一步后，侧身击球（见图 6-1）。

图 6-1　单步侧身

2. 跨步侧身

特点及应用：它具有移动较快、范围较小、侧身较充分、发力较大等特点，常用于快攻打法。

动作要领：左脚向左侧跨一步，右脚向左侧后方移动，同时上体收腹，侧转腰，重心落在右脚上（见图 6-2）。

图 6-2　跨步侧身

3. 跳步侧身

特点及应用：移动速度快，幅度可大可小，有利于正手猛烈的扣杀。用于正手发力攻球或发力拉、冲弧圈球。

动作要领:基本上同正常的跳步动作要领相同,腰、髋向同侧腿方向转动(见图6-3)。

图6-3 跳步侧身

4.交叉步

特点及应用:移动范围最大,便于发力进攻,需要上下肢、腰和髋等部位协调配合。适应于快攻或弧圈打法,在侧身攻、拉后扑时打右角空档,或从右大角变反手击球。也适应于削球打法接短球或削中反攻。

动作要领:以靠近来球方向的脚作为支撑脚,该脚的脚尖调整指向,远离来球方向的脚在体前交叉,向来球方向跨出一大步,身体随之向来球方向转动,支撑着脚跟向来球方向再迈一步,这是前交叉步。后交叉步是在体后完成交叉动作(见图6-4)。

图 6-4　交叉步

5.交叉步侧身

特点及应用:在移动的同时要注意腰部动作,其移动的范围比跳步大,让位充分。适用于弧圈球选手的发力抢冲。

动作要领:基本上同正常的交叉步动作要领相同。

三、结合各人的打法和特点,组成套路学习

1.快攻结合弧圈打法的主要步法:快攻时离台较近,以跳步、跨步为主,结合其他步法;转为弧圈打法时,则需以交叉步和跳步为主,结合跨步等其他步法。

2.削攻结合打法的主要步法:一般站位离台较远,多半击球的下降期,同时还时常由防守转为进攻,或由进攻转为防守,需要照顾和移动的范围很大,故步法移动的方式较多。防守时,以跳步和交叉步为主,配合其他步法;转入进攻时以跳步和跨步为主,配合其他步法。

3.两面拉弧圈打法的主要步法:站位稍离台,击球动作幅度较大。进攻或防守时需要照顾较大的范围,步法是以交叉步和跳步为主,配合跨步等其他步法。

四、基本步法的技术关键

1.判断和反应要快。对来球的力量、速度及旋转等要及时做出判断,快速移动步法。如果没有准确和及时的判断和反应,就会影响回击球的质量。

2.两脚蹬地要有力。蹬地的力量大,身体移动的速度就快。

3.重视重心交换与腰的灵活性。"重心交换是步法的灵魂"这话一点不假。在重心交换中,腰的灵活性具有极其重要的作用。

4.步法移动的正确性。步法移动的方法正确,就可以最经济的方法达到移步选位并击球的目的。

五、基本步法的教学内容与练习方法(见表 6-1)

表 6-1　基本步法的教学内容与练习方法

编号	教学内容	练习方法
1	结合步法与手法进行多球练习	在练习中要根据练习者的身体、技术等实际情况打出不同速度、不同角度、长短不一的球,要求练习者判断及时、步法准确、移动迅速到位,合理有效地完成每一次击球
2	在两人实战中进行各种步法练习	台上对打是提高学生各种步法运用能力的重要途径,练习中教师应为学生设计以专门提高脚步移动为侧重点的对的打以及正规比赛等练习,用以发展学生快速判断、迅速移动、步法合理正确、准确击出高质量的球的能力
3	用碎步、并步、滑步组合做"+"字形快速移动练习	要求完成 4~6 个"+"为一组,做 3~5 组

续表

编号	教学内容	练习方法
4	结合左右跨步、跳步、交叉步等进行计时练习	每组时间 30 秒,做 3～5 组
5	用 5 个并步、一个交叉步接 5 个滑步、一个交叉步做左右移动跑练习	要求 3～5 来回为一组,做 3～5 组

第二节　乒乓球发球技术运用与练习

一、发球技术的种类

　　发球与接发球是针锋相对的两项技术,二者对于球员赢得比赛具有同等重要的意义。发球者在技术上没有任何限制的方法,能够在发球前布置好战术,因此,轮到发球的运动员相对会占据上风。而接发球者在一定程度上必须接受发球员的支配,必须在瞬间之内精准、迅速、到位地做到"判断"和"回击"这两个环节一气呵成。在现代乒乓球比赛中,积极主动,抢先上手是总体战术的技术风格。以此为前提,接发球则是体现比赛中由防转攻,攻防转换的最常用之处。在相对被动的状态中,通过控制,达到相持,再力争转入进攻,争取主动应是接发球中的基本指导思想。高级班所学的发球有:**发平球加转与不转球、发短球、下蹲发球、正反手高抛发球**。

二、发球技术动作要领、特点、重点及难点分析

　　(一)发平球加转与不转球

　　特点及应用:它是指发球者用正手以相似的动作发出旋转强弱差异比较大的球,这种球相对速度较慢,前冲力小。在比赛中,转与不转配合使用,可以迷惑对方,造成对方判断失误,以破坏对方的接发球技术,可伺机抢攻或直接得分。

　　动作要领(转球):左脚稍前,身体略向右偏斜,左手掌心托球置于身体右前方,抛球的同时,持拍手向后上方引拍。拍面稍仰,手腕适当外展,手臂放松,腰向右转以便于发力。当球落至网高时,前臂加速向左前下方发力,同时握拍手腕内收,击球中下部向底部摩擦。击球后,手臂继续向左前下方随势挥动,然后迅速还原。

动作要领(不转):手臂外旋幅度小,减小拍面后仰角度,击球中部或中下部,减小向下摩擦球的力量,稍加向前推球的力量,使作用力接近球心,从而形成不转球,待球离开拍后,前臂迅速外旋,带动手腕转动并快速向左前下方挥动,给对方造成错觉。

技术关键:

(1)抛球不宜太高。

(2)发转球时,拍面稍后仰,击球中下部;越是加转球,越应注意手臂的前送动作。

(3)发不转球时,击球瞬间减小拍面后仰角度,增加前推的力量。

(二)发短球

特点及应用:击球动作小,出手快,力量轻,落点靠近球网。球落到对方台面后的第二跳不出台,使对方不易发力抢攻,还可使接球人判断滞后,牵制对方。

动作要领:站位靠近球台左方,身体离球台35厘米,准备姿势应与发急球相似。击球时用前臂和手腕摩擦发力,拍形稍后仰,轻击球的中下部,第一落点最好在本方球台的中段。

技术关键:

(1)抛球不宜太高。

(2)击球时,手腕的力量大于前臂的力量。

(3)发球的第一落点在球台中段,不要离网太近。

(4)发球动作尽量与发长球相似,使对方不易判断。

(三)下蹲发球

特点及应用:下蹲发球属于上手类发球,我国运动员早在20世纪50年代就开始使用。横拍选手发下蹲球比直拍选手方便些,直拍选手发球时需变化握拍方法,即将食指移放到球拍的背面。下蹲发球可以发出左侧旋和右侧旋,在对方不适应的情况下,威胁很大,关键时候发出高质量的球,往往能直接得分。

动作要领:站位时,左脚稍前,上体稍向右转。发球的基本姿势有两种:一种是由站立姿势抛球后,以半蹲姿势击球;另一种则是直接以半蹲姿势抛球和击球。发下蹲右侧上、下旋球时,左脚稍前,身体略向右偏转,挥拍路线为从左后方到右前方。拍触球中部向右侧上摩擦为右侧上旋;从球中下部向右侧下摩擦为右侧下旋。发下蹲左侧上、下旋球时,站右中部向左上方位稍平,身体基本正对球台,挥拍路线为从右后方到左前方。拍触中部向左上部球摩擦为左侧上旋;从球中部向左下部摩擦为左侧下旋(见图6-5)。

技术关键:

(1)注意抛球和挥拍击球动作的配合,掌握好击球时间。

(2)发球要有质量,发球动作要利落,以防在还未完全站起时已被对方抢攻。

(3)发左(右)侧上、下旋球时,要特别注意快速做半圆形摩擦球的动作。

图 6-5　下蹲发球

(四)正反手高抛发球

特点及应用:高抛发球由于球抛得高,所以,球下降时的速度快,增大了球下降时对拍的正压力。发球速度快,冲力大,旋转变化多。若高抛发球质量高,能为抢攻、抢位创造有利条件。

动作要领(正手):首先要注意将球抛稳,抛球手的肘部都要贴近身体左侧,抛球时尽量少用手腕,多用小臂向上抛起的力量,抛起时接近垂直,使球在身体的右侧前方降落。当球下降至头部高度时,持拍手由右上方向左下方挥动。其次,要注意击球点不要离身体过远,一般在右侧腰前 15 厘米左右为宜(见图 6-6)。

图 6-6　正手高抛发球

动作要领(反手):右脚在前,左脚稍后,非持拍手用力向上抛球,当球从最高点下降时,持拍手向左上方引拍,上体略向左转,用以增大击球的距离。

发右侧上旋球时,在球下降到头部高度时,持拍手从左上方经身体前向右下方挥拍,球拍触球的左中下部并向右侧上部摩擦。球拍触球瞬间,手腕由左向右抖动,以增强球的旋转。

发右侧下旋球时,持拍手从左后上方向右下方挥拍,球拍从球的左侧中下部向右侧下部摩擦。球拍触球瞬间,手腕由左向右抖动,以增强球的旋转。

发球技术的关键:

(1)抛球勿离台及身体太远。

（2）击球点与网同高或比网稍低，在近腰的中右处（15 厘米）为好。

（3）尽量加大向内摆动的幅度和弧线。

（4）发力部位是前臂和手腕，配合腰、髋转动。

（5）触球后，附加一个向右前方的回收动作，可干扰对方的判断（结合发右侧旋球，更有威力）。

三、发球易犯错误及纠正方法（见表 6-2）

表 6-2　发球易犯错误及纠正方法

编号	易犯错误	现象	纠正方法
1	发转与不转球时，手腕、手指发不上力	击球部位不准确	1.多进行模仿练习，体会手腕、手指摩擦发力； 2.多进行有球练习，增加击球感觉
2	发短球时手腕力量用不上	球不转，第二跳出台面或离网太近	1.击球动作小，出手快； 2.手腕的力气大于前臂
3	下蹲发球时，重心与球的下落配合不协调	击不到球或发球质量差	1.进行身体的协调配合练习； 2.进行抛与下蹲击球连贯练习
4	正、反手高抛发球，抛球高度不够	无挥拍及上抛动作	1.多次练习球上抛动作； 2.练习徒手挥拍击球动作

四、发球技术的教学内容与练习方法（见表 6-3）

表 6-3　发球技术的教学内容与练习方法

编号	教学内容	练习方法
1	发转与不转球	1.徒手模仿练习； 2.发加转练习； 3.发不转练习； 4.一发一接练习
2	发短球	1.徒手模仿练习； 2.划区域练习发短球

续表

编 号	教学内容	练习方法
3	下蹲发球	1.徒手模仿练习下蹲发球; 2.练习向左、右、上、下侧发旋转球
4	正、反手高抛发球	1.徒手模仿练习抛与击的动作; 2.用多球练习高抛发球

第三节　乒乓球接发球技术的运用与练习

一、接发球技术的种类

比赛中好的接发球,不仅会直接得分,还可以破坏对方的抢攻,变被动为相持,变相持为主动,从而为自己的进攻创造有利条件。反之,接发球不好,不仅会给对方较多的进攻机会,还会引起自己心理上的紧张和恐惧。采用哪一种方法接球,应根据对方发球的旋转、落点及双方打法特点等诸因素而定。高级班所学的接发球有:**接短球**、**反手拧拉**、**正手挑打**、**摆短**。

二、接发球技术动作要领、特点、重点及难点分析

(一)接短球

特点及应用:短球也是一个统称,从路线上可分为反手位、中路、正手位短球。从旋转上可分为上旋、下旋、侧旋、侧上旋、侧下旋和不转的短球。

动作要领:接短球的方法,要根据不同球性而异,当然不排除同一种发球可用几种方法回接。比如:接一般正手位侧下旋的短球,可摆短,也可劈长,可快挑,也可以晃接。在这种情况下,接发球的方法就取决于你本身接发球的能力。如能熟练地运用上述各项技术,就可以速度快、积极主动的挑、撇为主,以提高接发球的质量。

技术关键:1.头脑冷静,判断旋转与落点准确。2.手腕要固定,接触球的底部,在上升初期触球,前臂发暗力。

(二)反手拧拉

特点及应用:反手拧拉属于反手拉球的一种形式,是现代最先进的技术之一,是接发球和台内上手的主要手段。反手拧拉有一定的条件和范围,主要针对的是台内短球,受发力空间的限制,以前臂尤其是手腕和手指等小肢体发力为主,也有人称之为台内小弧圈球。

动作要领:看准来球,快速上步,肘部抬起,用反手背面将球拍插入来球侧下部,前臂带动持拍手横向吃球,手腕爆发力将球甩出,要点是手腕发力,横向吃住球是关键。

步法:根据来球调整步法,右脚上步并将重心调整至右脚,同时左脚稍向后撤步,在击球前身体大致与球台端线平行。

引拍:引拍时要注意时机,确保来球与前臂保持一定的距离,然后上半身收腹前倾、降低重心,从而使手臂在击球时保持一定的稳定性,最后手腕大幅度内敛并确保球拍与球台为近似水平状态。此时球拍头部应指向己方腹部位置。

击球:应在来球的上升期或最高点击球,这样可以提高回球的威胁性。在击球时要选择好击球位置,这里的位置是指左右方向的位置,击球点一般位于胸部正前方,位置偏左或偏右都会因借不上力而造成回球下网。

挥拍:在挥拍的过程中小臂以胳膊肘为轴心向右前方展开并将手腕打开向前发力,手腕打开时一定要有爆发力,这样可以增加对球的摩擦力。

技术关键:

1.步法移动到位,引拍角度合理。

2.腰、前臂、手腕、手指协调发力。

(三)正手挑打

特点及应用:正手挑打是一项台内技术,一般用于处理不转球或者对侧上旋球进行挑打。挑打这项技术具备突然性强、速度快、线路活的特点,所以在比赛当中威胁性还是非常大的。

动作要领:判断来球,右脚向侧前迈出。球拍随转腰小幅后引,向台内伸去,拍面稍立起,手腕逐渐外展,击球的高点期,触球时以手腕发力为主,击球的同时,重心向发力方向跟进。击球后,要注意控制身体,右脚还原。

技术关键:

1.步法移动到位,拍面与台面角度合理。

2.腰、前臂、手腕、手指协调发力。

(四)摆短

特点及应用:摆短是乒乓球运动中接发球的常用控制技术之一。由于摆短动作小、回球快、弧线低、落点近网,且前进力很小,往往使对方很难上手抢攻。用以还击近网下旋来球很有效。

动作要领:

正手摆短:与搓球相似。判断来球,选好站位,持拍同侧脚向正手位方向迈步,重心前移,手臂贴近躯干,球拍稍后仰。出手时,球拍向前下侧方挥动,在来球的上升期,击球的中下部。触球时用手腕、手指适当发力,要求速度快、幅度小、发力集中。击球后,快速还原。

反手摆短：与搓球相似。判断来球，选好站位，持拍侧脚向反手位方向迈步，重心前移，手臂贴近躯干，球拍稍后仰。出手时，球拍向前下侧方挥动，在来球的上升期，击球的中下部。触球时用手腕、手指适当发力，要求速度快、幅度小、发力集中。击球后，快速还原。

技术关键：

1. 手臂贴近躯干，步法移动到位，击球部位准确。

2. 腰、前臂、手腕、手指协调发力。

三、介绍几种常用的台内球技术

1. **挑**：在来球的高点期，击球中后侧部，根据挑球的线路向前上或前上侧方发力。击球时，以前臂发力为主，上臂适当靠近身体，重心略向前倾，这可增加手对球判断的准确性。要处理好摩擦和击打的关系，为了保证击球的准确性，可适当多一点摩擦。挑球主要用来回接下旋类发球。

2. **摆**：在来球的上升期，击球中下部，以向前下方发力为主，略带向侧的力量，引拍不宜过高。击球时手腕瞬间有一较小的制动动作，在自己发力基础上，适当借来球的力量，在过网的前提下，尽可能减少球向前平动的距离。一定要注意击球时期和发力方向，注意手指放松，多体会触球时手指的感觉。

3. **正手快点**：正手快点是用于攻击台内小球的技术。比赛中，为限制对方的进攻，常用快点来控制对方。因此，掌握好快点技术可以获得更多的主动。正手快点的特点是动作小、速度快、线路活。其具体技术要点如下：

(1)上身、右足和前臂在同一时间内到达球台右前方，上身靠近球台，前臂伸进台内，举拍稍高。手腕动作尤为重要，将击球时，手腕配合小臂先向后有一小绕环动作，再向前上方挥动，将球击出。一般击球的最高点。应注意根据来球的旋转、高低，调节好拍形和动作以制造合理的弧线。

(2)若来球下旋强烈，拍面可适当后仰，触球中下部，手腕配合前臂向前上方挥动；若来球略带下旋，拍面基本与台面垂直，触球中部，手腕在向前发力的同时稍向上摩擦球；若来球上旋，拍的位置应稍高于来球，或与来球在同一水平线上，拍面可适当前倾，触球中上部，以手腕向前发力为主。

(3)来球越偏球台右方，右脚跨出的步子应越大；若来球位于球台中右方，左足可向左前方跨出一步，右足跟着移半步。

4. **劈长**：击球弧线直且急，落点要到对方端线。击球的上升期后段或高点期，手腕、前臂用力向前下方砍去，发力较集中，动作幅度比摆短大。

5. **反手拧拉台内小球**：要点是在有限的时间、空间内，尽可能延长挥拍路线，用摩擦击球的方法，提高球的命中率和旋转性，从而为争取主动创造机会。反手拧拉球技术的掌握除了必须明确其动作原理外,还应提高弧形摩擦球的能力,这要多加强训练才能运用自如。

技术关键:

(1)击球前持拍手臂不宜伸得太直。

(2)用中等力量击球较为合适。

(3)应根据来球的旋转性质与强度,调节好拍面角度、击球的部位和发力的方向。

四、接发球易犯错误及纠正方法(见表6-4)

表6-4　接发球易犯错误及纠正方法

编号	易犯错误	现象	纠正方法
1	接短球	1.手腕、手指发不上力; 2.击球部位不准确	1.多进行模仿练习,体会手腕、手指摩擦发力; 2.多进行有球练习,增加手上击球的感觉
2	反手拧拉	1.击球前跟球的距离过近,导致发力不够充分; 2.拧拉时,球拍太压,与台面夹角太小,影响发力	1.在击球前引板,要把肘顶起来,手腕内收,给前臂留出足够发力空间; 2.根据来球判断旋转,拧下旋球时,球拍与台面夹角稍大,有利于加大摩擦;拧上旋球时,球拍与台面夹角相对偏小,有利于盖着球向前发力
3	正手挑打	1.脚下上步重心没跟上,控制不住球; 2.前推过多,缺少手腕发力	1.练习时,手臂贴近躯干,避免伸手够球,右脚上步的同时,身体重心靠向右脚,然后转腰出手; 2.手臂起带动作用,练习中,要体会接触球时是前臂带动手腕、手指快速发力
4	摆短	1.脚下上步重心没跟上,伸臂够球; 2.前推过多,摆不短; 3.击球节奏掌握不好	1.练习时,手臂贴近躯干,避免伸手够球,上步时,身体重心靠向上步脚,然后出手; 2.触球时,体会"点"一下的感觉,所有的力量和摩擦都集中在这很短的一瞬间,击球后停止动作,快速还原; 3.上步到位后,出手之前,要有一个非常短暂的停顿,让球跳到上升期再击球,这也有利于判断来球的旋转方向以及来球的长短

五、接发球技术的教学内容与练习方法(见表6-5)

表6-5　接发球技术的教学内容与练习方法

编号	内容	教学内容与练习方法
1	接短球	正手攻,反手推(横板拨) 搓球练习
2	反手拧拉	1.练习方法 2.徒手模仿练习 3.多球定点台内拧拉 4.多球半台不定点拧拉 5.单球接发球定点拧拉 6.单球接发球半台不定点拧拉
3	正手挑打	1.练习方法 2.徒手模仿练习 3.多球正手位台内挑打 4.多球正手位半台不定点挑打 5.单球接发球正手位台内挑打 6.单球接发球正手位半台不定点挑打
4	摆短	1.多球正手位台内摆短 2.多球反手位台内摆短 3.多球正、反手位全台不定点摆短 4.单球接发球正手位台内摆短 5.单球接发球反手位台内摆短 6.单球接发球正、反手位全台不定点摆短

第四节　乒乓球推挡球技术运用与练习

一、推挡球技术的种类及正手放高球技术

推挡技术主要用于防御对方高质量的进攻,推出落点的变化、节奏的变化、旋转的变化,非常有技术含量,要学好乒乓球技术,推挡是必须掌握的技术。在初、中级我们已基本掌握了快、慢、加力、减力推的技术,高级班的学生还要学习推下旋、推挤等技术。

二、推挡球技术动作要领、特点、重点及难点

1. 推下旋

特点及应用:是为接发球创造时机。在接发球时,可以直接回击下旋。起板回球落点长、弧线低、带下旋,落台后往前滑。在对攻中使用下旋推挡改变回球的旋转性能,能使对方攻、推下网,或使对方因推时不易发力而造成被动。在对攻和相持中使用,适用于对付对方发过来的侧下旋球、用长胶和防弧胶皮拱过来的球、带下旋的推挡球。

动作要领:两脚平站或右脚稍前,身体离台约40厘米。引拍稍高,前臂后收,拇指压拍,击球时间是在高点期或下降前期,击球的部位是在中部或下部,触球瞬间前臂和手腕向前下方发力摩擦球的中部,推击时应适当增大向前的力量,以压低回球的弧线。击球后,球拍向前下方挥动。

2. 推挤

特点及应用:回球带侧下旋,弧线低、角度大。在对付弧圈球和回对攻球中,使用推挤改变球的旋转、变化角度和落点,能增大对方进攻的难度,从而为自己进攻创造有利条件。对付高吊弧圈球效果比较好,因为球拍接触球的旋转轴越近,球和球拍的摩擦力越小。

动作要领:在上升前期击球,球拍后引动作较小。推加转弧圈时,手必须先前迎。击球时拍触球的左侧中上部,向左前下方用力,并配合转腰、转髋辅助发力。推直线时手腕要内曲,拍面朝直线方向,触球的右侧中上部,向前发力。

3. 正手放高球

特点及应用:站位远、弧线长、曲度大、回球高。放高球是为了救急或在相持被动时利用球的飞行高度和旋转变化来争取时间,有时也能造成对方回球困难,直接得分。这是防御时所采用的一种手段。

动作要领:正手放高球时,左脚稍前,上体右转,持拍手臂向右后下方移动,球拍呈后仰45°拍形后,重心放在右脚。触球前,前臂向上用力,在下降期后段击球中下部,拍形稍后。击球时,手臂向前上方挥动。击球后,球拍随势向前上送球。

三、推挡球、正手放高球技术的关键点

1. 推下旋

(1)前臂上提,球拍略高于台面,击球时拍面竖直或稍后仰,触球的中下部,向前下方用力推球。

(2)注意手腕不要转动,以前臂、上臂发力为主,手腕触球时可适当向前切一下,以增大球的下旋强度。

2.推挤

(1)看清来球,手臂稍迎前,球拍接触球的中上部,向左前下方摩擦。

(2)球拍在接触球的时候,要有向侧面摩擦的力量。

3.正手放高球

(1)放高球是带旋转的话,很容易在球桌上变向。

(2)有意识地把球放到底线的白线上,增加对方的扣球难度。

四、推挡球的技术比较(见表6-6)

表6-6 推挡球的技术比较

内容	击球前	击球时间	击球部位	发力方法
推下旋	手腕配合手臂内旋,手腕内收。引拍稍高,前臂后收,拇指压拍	高点期或下降前期	中部或下部	触球瞬间,前臂和手腕向前下方发力摩擦球的中部
推挤	推加转弧圈时,手必须先前迎	上升前期	触球的左侧中上部	向左前下方用力
	推直线时手腕要内曲,拍面朝正前方向	上升前期	触球的右侧中上部	向前发力
正手放高球	持拍手臂向右后下方移动,球拍呈半横状,拍形后仰	下降后期	击球中下部	前臂向上用力

五、推挡球技术动作常见错误及纠正方法(见表6-7)

表6-7 推挡球技术动作常见错误及纠正方法

编号	易犯错误	现象	纠正方法
推下旋			
1	旋转判断不准	推下旋时容易下网出线	判断球的旋转,掌握好击球时间,控制好击球力量
2	落点判断不准	推球时间点掌握不好	判断球的落点,脚先移动,移动到位后控制球的力量、旋转
推挤			
1	拍面控制不好	容易出界、下网	掌握拍面角度,判断球的力量、旋转及落点

续表

编号	易犯错误	现象	纠正方法
2	手腕动作太多	固定不住拍面	手腕固定,判断球的旋转、力量,控制好击球时间
正手放高球			
1	对球的空间感掌握不准	脚步移动不到位	提前判断球的落点,脚步迅速移动
2	击球没有摩擦	球的落点低,离网近	正反手增强摩擦,控制好球的旋转力度

六、推挡球技术的教学内容与练习方法(见表 6-8)

表 6-8　推挡球技术动作的练习方法

编号	教学内容	练习方法
1	推下旋	1.多球练习;2.搓中起板
2	推挤	1.多球练习;2.一拉一推
3	正手放高球	一人放高球,一人扣杀半高球及高球

七、推挡球技术的注意事项

1.先把球挡住而不是推。

2.注意手腰配合、协调发力。

3.拍面略为前倾,击球点在上升期。

4.判断球的落点、方向,迅速移动。

5.根据来球速度、力量、旋转可发力推、挤、借力挡等。

6.肘关节离身体不能太远、手腕不能太松、持拍手同侧脚站位也不能靠前。

第五节　乒乓球攻球技术运用与练习

一、攻球技术的种类

在中级的学习中,学生已熟练掌握了乒乓左推右攻的技术动作,基本掌握了中远攻球、侧身攻球，了解了正手快点、正手扣杀、正手扣高球的技术。在高级教学中，巩固、提高左推右攻、侧身攻球和中远攻球的技术，基本掌握正手扣杀、正手杀高球技术，了解反手快撕、反手快拉、反手中远台攻球、直拍反面攻球等技术。

二、攻球技术的特点、应用、动作要领及技术关键

1. 正手扣杀

特点及应用：正手扣杀具有动作幅度大、击球点高、力量重、球速快、攻击性强等特点，是比赛中重要的得分手段。其适用于对方处于被动或回球质量差并出现高于网的机会球或前冲力不大的半高球的情形。

动作要领：站位根据对方的落点来调整。来球落点靠近球网时，站位应主动靠前，来球落点靠近端线时，站位应主动退至中远台。引拍时，大臂、前臂在腰、髋的带动下向体侧后引拍，适当增加引拍距离，同时整个手臂应适当伸开，上臂与身体夹角约呈 80 度，肘关节夹角约为 150 度。击球时，大臂、前臂在腰、髋的带动下在来球的上升期或高点期击球中上部。在接触球的瞬间，以撞击球为主，前臂快速收缩。手腕有一个向前压的动作。如果来球是上旋，手腕前压动作比较多一些；若来球是下旋，多向前用力，稍带前压的动作。击球完毕后，球拍随势放至左肩后，小跳步迅速还原（见图 6-7）。

图 6-7　正手扣杀

技术关键：

(1)击球点离身体稍远，球拍应与球同高。

(2)在球的高点期击球。

（3）击球瞬间，整个手臂应发挥最大力量，配合腰部转动及蹬地的力量。

（4）如果球带有下旋，球拍略低于来球。

2. 正手杀高球

特点及应用：击球点高，动作幅度大，力量大，回球弧线比较直，是还击高球的一种有效方法。

动作要领：左脚稍前，身体右转，持拍手的上臂向后移动，前臂从后下在身体右侧作绕环动作使手臂展开，随即向上抬起，然后上臂从上向下挥动，拍形前倾，前臂和手腕同时下压，在头与肩之间的高度击球中上部。击球后，手臂随势下压，将球拍挥至身体左侧，同时上体配合左转，重心移至左脚（见图6-8）。

图6-8　正手杀高球

技术关键：

（1）判断来球的高度，适时引拍。

（2）击球瞬间，整个手臂应发挥最大力量，配合腰部转动及蹬地的力量。

（3）如来球带有下旋，球拍应略低于来球。

3. 反手快撕

特点及应用：反手快撕具有球速快、弧线低、威胁性大等特点。其通过加强对球体的摩擦击出或防守弧圈球，是适合横拍反手对付下旋球的一项技术。

动作要领：站位比反手快拨离台稍远，左脚在前，右脚稍后。引拍时，上体保持前倾，身体重心相对较低。前臂在腰、髋的带动下引拍至腹前偏左处,腰部转动幅度稍小,以肘部为轴,手腕配合手臂内旋。击球时,前臂在腰、髋的带动下在来球的上升期摩擦击球的中上部,向右前上方挥拍。击球瞬间,手腕由内收转为外展。击球后,球拍顺势向右前上方挥动,前臂展开幅度不宜过大,并迅速还原准备回击下一板球。

技术关键:

(1)击球时,以前臂、手腕发力为主。

(2)击球时间要早,在球刚下降的时候,把球撕起来,所以撕出的球旋转强度大。

4.反手快拉

特点及应用:反手快拉俗称反手快抽或拉攻,具有站位稍远、动作较大、速度快、落点变化多的特点,是对付下旋来球的一项重要技术。也是近年来直拍横打快拉加强反手位进攻的一种新技术。在对搓球或攻削球时运用它能争取主动或直接得分。

动作要领:站位于中近台,右脚稍前。引拍一般多采用单步或跨步向左前方、左方或左后方移动,前臂在腰、髋的带动下左引下沉并外旋。右肩下沉并侧对球台,拍形前倾。击球时,以前臂在腰、髋的带动下在高点期或下降前期摩擦为主,若来球下旋较弱,则多以撞击为主,向前力量大于向上力量。击球后,根据对方回球情况迅速还原,准备回击一板球(见图6-9)。

图6-9 反手快拉

技术关键:

(1)根据来球落点、长短,迅速移位。一般多以单步或跨步向左方、左前方或左后方移动,正对来球。

(2)击球过程中,注意收腹,以增大击球空间。

(3)须根据来球的下旋强度,调节摩擦球时用力的大小和弧线的高低。

5.反手中远台攻球

特点及应用:反手中远台攻球具有力量重、球速快、进攻性强、线路变化多等特点。在比赛中,当左半台出现高球而来不及侧身用正手进攻时采用此技术,可直接得分或为进攻创造机会。

动作要领：站位于中远台，右脚稍前。引拍时，大臂、前臂同时在腰、髋的带动下将拍引至身体左侧后方，右肩下沉并侧对球台，拍面垂直。击球时，大臂、前臂同时在腰、髋的带动下在来球的下降前期击球的中部，向右前上方挥拍。击球后，根据对方回球情况迅速还原，准备回击下一板球。

技术关键：

(1)用大臂带动前臂用力挥拍。

(2)手臂随势挥动时，不要完全伸直，否则会影响还原。

6.直拍反面攻球技术(直拍横打)

直拍反面攻球技术是中国运动员独创的一项反手反面击球技术。直拍横打能增强拍面控制的灵活性，充分发挥前臂的力量。在前三板上手，表现出质量高，变化强，上手快，主动进攻能力突出等特点。与传统的直拍快攻打法相比，这种打法的反手技术(如拉、抽、弹、拨、挑等)更为丰富多样，反手位的攻击力也更强，大大弥补了直拍反手位的不足。

(1)直拍反面快拨

特点及应用：直拍反面快拨具有动作小，球速快、线路变化多、稳定性好等特点。在相持时与推挡结合，从而通过变换击球节奏而制胜。

动作要领：站位与反手位推挡相同。引拍时拇指压拍，食指放松，拍形稍前倾，手腕立起，执拍手一侧肩下沉，肘关节适当前顶。前臂在腰、髋的带动下向左后下方稍引拍，球拍不得低于台面。击球时，前臂在腰、髋的带动下在来球的上升期击球的中上部，挥拍方向为右侧斜前上方。击球后，随势挥拍重心由左脚转向右脚，并迅速还原准备回击下一板球(见图 6-10)。

图 6-10　直拍反面快拨

技术关键：

①在来球的上升期击球中上部。

②挥拍方向为右侧斜前向上。

（2）直拍反面弧圈球

特点及应用：直拍反面弧圈球的旋转较强，并带有侧上旋的性质等。可运用于发球抢攻、接发球抢先上手、拉搓球、拉对方劈搓加转长球、在相持中运用反手背面快撕等。

动作要领：站位近台，右脚稍前站立，重心在两脚之间，两膝微屈，含胸收腹，身体的重心下降，腰略向左转，肘关节略前，手腕稍内曲，手臂下沉引拍至腹部前下方，拇指压拍，食指放松，拍形稍前倾，在高点期或下降前期摩擦球的中部偏上位置，向前上方挥拍。击球后，随势挥拍，并根据对方回球情况迅速还原，准备回击下一板球。

技术关键：

①右手向腹部引拍，板型要立一些，向前上方甩拍。

②两腿要向上蹬伸，腰部由左向右转动，配合发力。

（3）直拍反面弹打

特点及应用：直拍反面弹打具有动作小、速度快、落点变化多、稳定性好等特点。直拍反面弹打主要用于对付台内或近台稍高于球网的球和加转弧圈球。

动作要领：站位与反手快拨相同。引拍时身体重心略高，肘关节适当前顶。拇指压拍，食指放松，拍形稍前倾，手腕立起。击球时，在来球的上升期或高点期击球中上部，发力方向为前下方。拍形固定，发力短促。击球后，手臂随势前送，但动作不大。

技术关键：

①引拍时，手臂要适当放松。

②手腕内收使球拍前倾角度变小，并使拍面略微外撇。

③以弹击的发力方式击球。

三、攻球技术的比较（见表6-9）

表6-9　攻球技术的比较

名称	击球前	击球时间	击球部位	发力方法
正手扣杀	手腕配合手臂内旋，手腕内收	来球的上升期或高点期，以撞击球为主	击球中上部	触球的瞬间，以撞击球为主，前臂快速收缩

续表

名称	击球前	击球时间	击球部位	发力方法
中远台攻球	手臂在腰、髋的带动下引拍至身体的右侧后方,拍形接近垂直	来球的下降前期	击球中部	击球瞬间爆发性发力
反手快撕	手腕配合手臂内旋,手腕内收	在来球的上升期摩擦球	击球中上部	挥拍方向为右前上方。击球瞬间,手腕由内收转为外展
反手快拉	前臂在腰、髋的带动下引拍下沉并外旋	来球的高点期或下降前期	击球中上部	以撞击为主,向前力量大于向上力量
反手中远台攻球	大臂、前臂同时在腰、髋的带动下将拍引至身体左侧后方	来球的下降前期	击球中部	挥拍方向为右前上方
直拍反面快拨	前臂在腰、髋的带动下向左后下方稍引拍	来球的上升期	击球中上部	挥拍方向为右侧斜前上方
直拍反面弧圈球	手腕稍内曲,手臂下沉引拍至腹部前下方	在来球的高点期或下降前期摩擦球	击球中部偏上位置	向前上方挥拍
直拍反面弹打	肘关节适当前顶。拇指压拍,食指放松,拍形稍前倾,手腕立起	来球的上升期或高点期	击球中上部	发力方向为前下方

四、攻球技术动作常见错误及纠正方法(见表6-10)

表6-10 攻球技术动作常见错误及纠正方法

编号	易犯错误	现象	纠正方法
反手快撕			
1	手腕不固定	击球不稳,击球点不准	1.两人快撕,一人推挡,一人快撕; 2.多球练习
2	脚步移动不稳,腰部与手不够协调	击球点不准	多球练习

编号	易犯错误	现象	纠正方法
反手快拉			
1	拍面不固定	容易出界、下网	1.两人练习,一人推挡,一人反手连续拉; 2.多球练习
2	击球点太低	被动击球,容易失误	拍面固定,手与腰部协调配合,击球点提前
反手中远台攻球			
1	对球的落点判断不准	提前拉或推迟拉,容易失误	多球练习,两人中远台对拉
2	对球的旋转力度判断不准	容易被顶,拉空	多球练习,两人中远台对拉
直拍反面攻球			
1	手腕太松	击球不稳	多球练习,两人对推
2	脚步没有调整好	击球点不准	多球练习
正手台内攻球			
1	脚步移动不够,身体没有上前	击球时间提前或推迟	多球练习
2	对球的落点判断不准	手臂离身体太远	多球练习

五、攻球技术的教学内容与练习方法(见表6-11)

表6-11 攻球技术动作的练习方法

编号	教学内容	练习方法
1	反手快撕	多球练习,两人对推
2	反手快拉	多球练习,搓中快拉
3	反手中远台攻球	两人中远台对拉
4	直拍反面攻球	多球练习,两人对推
5	正手台内攻球	多球练习

六、攻球技术的注意事项

1.击球点不能太晚,应在上升期挥拍至高于头的位置或肩部。
2.髋关节重心的交换要及时。
3.判断来球方向,迅速移动,以近台小臂发力为主。
4.中远台大臂带动小臂发力,还原要快。
5.持拍手肩部要下沉,否则会造成抬肘、抬肩等错误。
6.手腕不能太松,须固定住球拍。

第六节　乒乓球搓球技术的运用与练习

一、搓球技术的种类

我们不能单纯地把搓球看成是消极的、被动的技术,既然是一种技术,就必然有它积极的一面,关键是在比赛中如何来把握并运用它。练习搓球时,我们要真正掌握如何适应旋转、利用旋转和控制旋转。在初、中级我们已基本掌握了快搓、慢搓、推下旋和推挤技术,在高级教学中要学习搓球摆短、搓球劈、搓侧旋球等技术。

二、搓球技术的特点、应用、动作要领及技术关键

1.搓球摆短

特点及应用:搓球摆短具有动作幅度小、出手快、弧线低、线路短、落点近网、借力搓球的特点。在比赛中,用于近网下旋球或相持对搓中,可限制对方抢攻或抢拉。

动作要领:站位近台,引拍时向前上一步,身体前倾,重心前移。击球前,前臂向前伸的动作比快搓更快一些,使拍接近来球着台点,拍面后仰,在来球上升前期击球,触球的下中部或底部。击球时,动作幅度很小,前臂和手腕结合发力要小,应借助来球的反弹力,有时还要有一定的减力动作,把来球轻摆至对方网前。接长球摆短时,主要用手腕和手指发力,运用借力搓球,注意重心要稳(见图6-11)。

技术关键:

(1)击球时,发力要集中,前臂打开的幅度不要过大,以免使回球出台。
(2)击球时,可利用手腕力量,摩擦来球中下部。
(3)摆短应注重落点。

图 6-11　搓球摆短

2.搓球劈长

特点及应用:搓球劈长具有球速快、弧线平直、角度大、旋转强等特点。一般运用在接发球和对搓中。用劈长的方式回接下旋球的威胁较大,可以遏制发球方的有力进攻。此外,劈长和摆短的结合通过变换节奏和落点而制胜。

动作要领:站位、引拍动作与摆短基本相同。在来球的上升后期或高点期击球的中部并向下部摩擦,还要适当撞击球。以前臂、手腕发力为主,方向为前下方,发力要集中。击球后,迅速还原,准备回击下一板球(见图6-12)。

图 6-12 搓球劈长

技术关键：

(1)劈长应突出速度,结合旋转落点,结合摆短效果更好。

(2)劈长在摩擦球时,更多地运用前臂的爆发力切球,用以加快回球速度。

3.搓侧旋球

特点及应用：搓侧转球有动作小、速度较快、旋转变化大等特点。在比赛中,用于在接发球或对搓中过渡,以侧旋变化来控制、调动对方,降低对方回球质量,伺机进攻。

动作要领：站位近台。反(正)手搓右(左)侧旋转时,身体重心顺势前移。击球时手臂略抬起,手腕稍外展,拍面稍后仰,在高点期或下降期击球,向左(右)侧挥动发力,手腕稍曲,辅助球拍用力摩擦球的右(左)侧中下部。击球后随势挥拍,并根据对方回球情况迅速还原,准备回击下一板球(见图 6-13)。

图 6-13 搓侧旋球

技术关键:

(1)正手击球瞬间,以前臂为主向左前发力摩擦球。反手击球瞬间,以前臂为主向右前发力摩擦。

(2)直拍选手的手腕向左有一勾挑动作,也可以向左(右)前上勾挑出左侧上旋球。

三、搓球技术的比较(见表6-12)

表6-12　搓球技术的比较

名称	击球前	击球时间	击球部位	发力方法
搓球摆短	前臂向前伸的动作比快搓更快一些,球拍接近来球着台点,拍面后仰	击来球上升前期	触球的下中部或底部	击球时,动作幅度很小,前臂和手腕结合发力要小,应借助来球的反弹力,有时还要有一定的减力动作
搓球劈长	前臂向前伸	来球的上升后期或高点期	击球的中部并向下部摩擦,还要适当撞击球	以前臂、手腕发力为主,方向为前下方,发力要集中
搓侧旋球	击球时手臂略抬起,手腕稍外展,拍面稍后仰	高点期或下降期击球	摩擦球的右(左)侧中下部	向左(右)侧挥动发力,手腕稍曲,辅助球拍用力

四、搓球技术动作常见错误及纠正方法(见表6-13)

表6-13　搓球技术动作常见错误及纠正方法

编号	易犯错误	现象	纠正方法
搓球摆短			
1	对球的落点判断不准	容易搓球出台	多球练习,两人连续摆短练习
2	搓球时发力不准	容易搓长或搓高	多球练习
搓球劈长			
1	手腕太松	对球的旋转控制不好	多球练习,两人搓中劈长
2	拍面发力过早或过晚	容易失误	多球练习,两人搓中劈长
搓侧旋球			
1	对球的旋转判断不准	容易下网或出界	多球练习,两人搓中练习
2	发力过早或过晚	球过高或下网	多球练习,两人搓中练习

五、搓球技术的练习内容与练习方法（见表 6-14）

表 6-14　搓球技术动作的练习方法

编号	教学内容	练习方法
1	搓球摆短	多球练习,两人对搓
2	搓球劈长	多球练习,两人对搓
3	搓侧旋转	多球练习,两人对搓

六、搓球技术的注意事项

1. 判断对方发球的旋转强度,离网较近的球就摆短。
2. 触球后快速收回小臂和手腕。
3. 注意摩擦球的部位和击球时间。
4. 搓球要发暗力。
5. 脚步移动迅速、及时。

第七节　弧圈球

一、弧圈球技术的种类

弧圈球,就是带有弧线和强烈旋转的球。弧圈球具有强烈的上旋,是攻击力强、威力大的进攻技术。第一弧线运行较慢,第二弧线下坠快,球反弹冲力大。弧圈球的重要特征是乒乓球经球拍触击后,不同的引拍和不同的挥臂动作产生不同的飞行弧线和飞行轨迹。在球跳至最高点或下降前期时,击球的中上部位,使球拍和球产生强烈的摩擦,带动乒乓球向前旋转,从而产生弧圈球。

反拉弧圈球时,关键在于对重心的控制和力量的把握上。击球前,重心位于双脚。在球下降前期,击球中上部位,让球拍与球产生摩擦,并在击球瞬间用力蹬地,重心前移,并转移至右脚。弧圈球由于强烈的旋转,可以让球在台面上运动的弧线发生奇迹性的变化。弧圈球从击球到球落到对方的台面上,产生的第一弧线往往运行速度较慢,不易引起对方警惕。而在乒乓球从台面上弹起到落下过程中产生的第二弧线却有着下坠快、反冲力大的特点。

弧圈球技术可分为:正手弧圈球技术和反手弧圈球技术。根据弧圈球技术的旋转特征,可将弧圈球技术分为:加转弧圈球,前冲弧圈球和侧旋弧圈球。

二、弧圈球技术的特点、应用、动作要领及技术关键

1. 正手加转弧圈球

特点与应用:

加转弧圈球稳健性好,强烈的上旋有助于制造更好的弧线,在来球下旋力很强、很低,或位置不合适时,用加转弧圈可比较容易地将球拉过去,比较保险,还具有一定的威胁性。在对方不适应强烈上旋或控制不好的情况下,常会接出高球,甚至直接失误。另外,由于上旋弧圈速度较慢,弧线的弯曲度较大,球落到对方台面后迅速下滑,所以,它还可起到变化击球节奏的作用。

动作要领:

左脚在前,右脚稍后,两膝微屈,重心主要在右脚上。手臂自然下垂伸直,拍形略前倾。当来球从台面弹起时,右脚蹬地,腰部向左上方转动,上臂带动前臂向左前上方加速挥动。击球瞬间,整个身体的力量传递到手腕,加速度达到最大。在来球的下降初期摩擦球的中上部,击球后重心移至左脚(见图 6-14)。

图 6-14　正手加转弧圈球

技术关键：

（1）上旋强烈。如果上旋弧圈球上旋不强，就完全失去了它的积极意义，就会缺乏威胁性。

（2）弧线应降低。以前的加转弧圈球弧线高、速度慢，现在的加转弧圈球要求上旋强、弧线低，来增加威胁。

（3）必须和其他技术（如前冲弧圈球、扣杀等）相结合。单一的加转弧圈球，易被对方适应，因为他毕竟速度慢。

2. 正手前冲弧圈球

特点与应用：球的弧线低、速度快、上旋强，着台后球的前冲力大并急剧下沉。正手前冲弧圈球，具有较大的杀伤力，所以能起到扣杀的作用。前冲弧圈球是弧圈类打法对付发球、推挡、搓球及相持中的重要技术。

动作要领：站位基本上与加转弧圈球相同。手臂的引拍要比加转弧圈球高一些，球拍与地面大约形呈 80 度夹角。当球从台面弹起时，腿、腰、上臂、前臂依次进行力量传递。击球瞬间，手腕向内、向前略微转动，加速度达到最大，在上升后期或高点期摩擦球的中上部。击球后，重心移至左脚（见图 6-15）。

图 6-15　正手前冲弧圈球

技术关键：

（1）前冲力强，速度快。如果不具备此特点，前冲弧圈球就失去了它的生命力。

（2）凶而稳，切忌只凶不稳，导致无故失误。

（3）控制好与其他技术的配合。位置不合适时，应拉一板加转弧圈球过渡，遇到半高机会球应大板扣杀。若只是一味地攻且节奏单一，容易导致自己失误。

3. 正手侧旋弧圈球

特点与应用：侧旋弧圈球的飞行弧线一般比前冲弧圈球略高，比加转弧圈球低，落台后向右侧下方滑落。它可以加大拉球的角度，增加对方的跑动范围和回球难度。亦可拉侧旋弧圈至对方中左,借球的偏拐正好追身,对方很难回接(尤其是削球选手)。另外,侧旋弧圈还起到变化节奏的作用。

动作要领:击球准备姿势和整个身体的用力方法与加转弧圈球相似,但在击球时,摩擦球的偏右面,拍形稍前倾,手臂自右外侧向左前上方(近似于弧形)发力。在拉侧旋球时,如果击球的右中部或右中上部,拉出的球是侧上旋;如果击球的中下部,主要以向内、向前发力为主,往往会拉出侧下旋弧圈球。

技术关键:

(1)拉侧旋弧圈一定要使球侧旋力强,具有向侧前方拐的冲力。

(2)应具备连续拉的能力,包括连续拉侧弧,或变化拉不同种类的弧圈球。

(3)比赛中,应灵活运用,避免一味地盲目拉侧旋弧圈球。

4.正手中远台对拉弧圈球

特点与应用:中远台对拉弧圈球,虽速度较慢,但旋转较强,力量较大,落台后有一定的前冲力,是弧圈球选手的一项必备技术。运用得好,可使其在退台后从相持或被动中转为主动。攻削型打法的运动员,亦应掌握此技术,它可作为反攻或改变击球节奏的一种手段。

动作要领:动作幅度稍大,引拍时球拍要低于来球,整个动作是从右后向左前上方用力。应充分发挥腿、髋、腰、臂和腕的力量,其中,尤应重视身体重心和前臂的作用。拍形与台面垂直,触球中部。击球时间为下降前期或高点期,以撞击后的摩擦发力为主。

技术关键:

(1)对拉的球应力争强旋转、大冲力,这样才能争取主动。

(2)应有扎实的基本功,不能拉两板就失误了。

5.横拍反手弧圈球

特点与应用:反手拉弧圈球是横拍弧圈球选手的主要技术之一,其速度比正手拉弧圈球稍快,但力量和旋转略逊于正手。反手弧圈球可用于发球抢冲,接发球、搓中转拉,一般的对攻和中台对拉等。运用得好,不仅可为正手的冲杀创造机会,而且还可能直接得分。

动作要领:两脚平行或左脚稍后站立,两膝微曲。击球前,将球拍引至腹部下方。当球从台面弹起时,以肘关节为轴,前臂迅速向上挥动,结合手腕向上转动的力量,在下降期摩擦球的中部或中上部。击球过程中,两腿向上蹬伸(见图 6-16)。

图 6-16　横拍反手弧圈球

技术关键：

（1）能拉加转弧圈球，又能拉前冲弧圈球，并能为从被动或相持转为主动创造条件。

（2）充分发挥反手出手快的特点，不仅在位置不适时可以在下降期拉，而且应特别重视击球时间为上升前期的快拉技术。

三、弧圈球技术比较（见表 6-15）

表 6-15　弧圈球技术比较

名称	击球前	击球时间	击球部位	发力
前冲弧圈球	降低重心，向后转腰，向后下方引拍	高点或高点前期	中上部	手臂、手腕协调发力，向前上方挥拍
加转弧圈球	降低重心，右肩下沉，向后引拍	下降期	中部或中上部	上臂带动前臂向上偏前挥拍，发力摩擦击球

名称	击球前	击球时间	击球部位	发力
侧旋弧圈球	身体前倾,向后侧方引拍,球拍稍内扣	下降期	中外侧部	从外侧向前上方挥拍,使球拍划一横向半弧形

四、弧圈球易犯错误及纠正方法(见表 6-16)

表 6-16　易犯错误及纠正方法

正手加转弧圈球

编号	易犯错误	现象	改正方法
1	只用手臂发力,没有腰、髋、腿的配合	拉球很费力,但旋转不强,而且难于连续拉	观察优秀选手在拉球时的动作。再仿之进行徒手动作的练习,记住有关部位的肌肉感觉。上台练习时,有意体会上述感觉
2	引拍时,手臂伸得过直,球拍沉得很低,拍形过分前倾,整个动作以向上为主	缺乏向前的力量,导致击球时间晚,上手速度慢,易漏球、难发力	特别重视由后向前的迎球动作,在引拍时手臂保持自然弯曲,球拍不要下沉大多,适当增加向后引拍的动作,减小拍形的前倾角度
3	拉球时不用手腕	拉球的速度、力量和旋转都受到限制	在引拍时手腕要有一个向后伸的动作,在触球瞬间才会有一个向前打、向上摩擦球的爆发力
4	只有摩擦球动作,蹭球太薄,但发不出力	拉球不转,易下网,或撞球过多。摩擦球力度小,导致不会产生强烈旋转	只有"打摩结合""以摩为主",才能拉出强烈的上旋球。练习徒手动作时,可由一人用两个手指夹住一球,让另一人练习加转弧圈的动作,在此基础上再进行多球练习

正手前冲弧圈球

编号	易犯错误	现象	改正方法
1	引拍低,身体重心低	易拉球出界	观看拉前冲弧圈的正确动作,特别留心其引拍的位置,自己上台练习时有意提高引拍位置

乒乓球

续表

正手加转弧圈球

编号	易犯错误	现象	改正方法
2	不能根据来球旋转方向变换动作,仅一种动作打百样球	失误多	拉前冲弧圈应视来球变化,适当调整动作。如来球下旋,应触球中部,拍形与台面垂直;来球不转或略带上旋,应拍形前倾,触球中上部。还应提高对来球的判断能力。用多球练习,供球者应多改变球的旋转方向和高度
3	单纯用上肢发力,没有腰、髋、腿的配合,导致拉冲没有前冲力。反冲时,只重视前臂和手腕的动作,忽略了用身体重心来调节击球的弧线的方法	大大降低了击球的准确性	可参照拉加转弧圈球的相应部分
4	撞球过多	撞球过多,弧线不到位,旋转不强,球的前冲力也小	做徒手动作和多球练习,注重体会打与摩擦的结合,增加摩擦球动作

正手侧旋弧圈球

编号	易犯错误	现象	改正方法
1	挥拍路线不对,无兜球动作,单纯侧拉,摩擦球时间短,使不上劲	不易拉到球	先明确拉侧旋弧圈球的挥拍路线和手腕动作的意义,再有针对性地进行徒手动作和多球练习
2	手腕过于紧绷	击球时,难以发挥手腕的加速作用	通过多球定点练习,体会手腕的加速作用

正手中远台对拉弧圈球

编号	易犯错误	现象	改正方法
1	不会运用身体重心的力量	拉球无力	先明确在对拉弧圈球时怎样发挥身体重心的作用,再进行徒手和多球训练。进行多球练习时,站位应于中台,不要站在近台

编号	易犯错误	现象	改正方法
		横拍反手弧圈球	
1	不会运用蹬地、伸膝、展腹、转腰和髋的力量(即不会运用身体重心的力量)	拉球不冲、不转	可参照正手拉弧圈球的有关部分
2	不能发挥肘部的杠杆作用,大大减弱了拉球的效果	拉球质量差	先支肘,后收肘,借以增加前臂的挥摆力量。进行徒手动作和多球练习,重点体会肘部的动作
3	引拍时手向后拉的幅度太大,球拍离身体太近,似有来球顶住球拍,有种出不了手的感觉	动作缺乏节奏感	仔细观察优秀运动员的引拍动作,看其引拍的动作幅度,看其引拍后与来球的距离,在脑海中认真品味其引拍的节奏,然后在这种意念的指导下练习徒手动作,再上台进行反手拉弧圈球的练习

五、弧圈球技术的教学内容与练习方法(见表6-17)

表6-17 弧圈球技术的教学内容与练习方法

编号	教学内容	高级班教学内容与练习方法
1	学习完整的拉弧圈技术动作	在全身协调用力的基础上,体会前臂及手腕的发力动作
2	学习拉弧圈球的完整动作	学习和体会球拍以何种角度对球进行摩擦,建立初步的手感
3	一人发正手位斜线平击球,另一人练习拉弧圈球	学会在什么击球时间拉球;
将自抛自拉、摩擦球的感觉转移到此项练习中来
4	发球、接发球练习	一人发正手位斜线下旋球,另一人练习拉弧圈球,学会拍面的调节。学会拉球时动作的有效用力,即能使球得到充分的摩擦。学会正确的发力方法,即在全身协调用力基础上,掌握前臂的加速收缩和手腕用力方法

乒乓球

续表

编号	教学内容	高级班教学内容与练习方法
5	多球练习	通过多球进行大量的重复性练习,以利于动作概念的建立及拉球能力的提高。通过送不同落点的球,学会用步法找好拉球的合理位置,以及打不同旋转的球,学会比较自如地调整好拍面角度、发力方向和力量
6	直线、斜线、侧身的对攻练习	一推一拉练习、一搓一拉练习、一削一拉练习; 单线练习的重点:学会在一个固定区域内找准来球位置,完成拉球技术动作; 有规律复线练习的重点:学会在两个固定区域内,有规律地运用步法移动来找准回击球的位置,在移动中完成拉球技术动作; 无规律复线练习的重点:学会在两个固定区域内,根据无规律的来球,运用步法及时抢位,在判断和移动中完成拉球技术动作
7	发球抢拉练习	发下旋球在正手位练习拉球,以及在反手位练习侧身抢拉。学习拉球与发球两项技术的连接

六、弧圈球练习注意事项

1. 学好原地步法,掌握好重心交换的基础。

2. 学会用重的摆幅进行正手连续击球。

3. 在掌握上面两种基本技能的情况下学会一般拉球技术。

4. 掌握弧线、旋转、击球部位、击球时间等弧圈球基本要素。

5. 基本掌握前冲、高吊、侧拐等弧圈球的动作要领。

第八节　削球技术

一、削球的种类

削球是削攻型打法的一项主要技术,它通过旋转变化和落点的变化来控制对方,使对方直接失误或为自己创造进攻机会。旋转是削攻型打法争取主动的关键,削接扣杀的球、追身球和弧圈球是削球应该掌握的重要技术。

削球技术主要包括正、反手削加转弧圈球、削前冲弧圈球、削追身球、削接突击球。

二、削球技术的特点应用、动作要领及技术关键

1. 正（反）手削加转弧圈球

特点与应用：击球时间较晚、动作幅度大，应善于借助腰、膝力量，利用来球向上反弹力制造适宜的回球弧线。

动作要领：

（1）正手削加转弧圈球：身体略向右转，手臂向右后上方引拍，前臂举起，球拍适当提高。当来球跳至下降前中期，拍面接近垂直（甚至可略前倾），击球中部或中部偏下并摩擦。身体向左下方转动，上臂带动前臂，以向下用力为主（见图6-17）。

图 6-17　正手削加转弧圈球

（2）反手削加转弧圈球：引拍向左后上方，动作幅度略小于正手引拍。正手削球挥拍动作由右后上方向左前下方挥拍，反手削球由左后上方向右前下方挥拍。拍触球时，以大臂带动前臂发力为主，拍形稍立一些。手腕相对固定。手臂的发力顺序是先压、后削、再送，即先以向下用力为主、向前为辅，手腕不要过分转动。击完球后，动作继续向前下方挥动，并迅速还原（见图6-18）。

图 6-18　反手削加转弧圈球

技术关键：

（1）向上引拍的幅度要大，这样才能使球拍与击球点之间有足够的加速距离。击球点通常应选在右腹（正手削）或左腹（反手削）前。

（2）整个动作的发力顺序应是先压、后削、再送，借助来球向上的反弹力回接。触球瞬间手腕保持相对固定，控制好拍形。

（3）击球时弯腰屈膝的程度要稍大，以便利用身体重心的下降保持动作的稳定性和增大削球的力量。

2.削前冲弧圈球

特点与应用：既要克服来球的上旋，又要适应来球的前冲力，与削接突击球类似。

动作要领：

（1）正手削前冲弧圈球：身体略向右侧，手臂向右后上方引拍，前臂提起，将球拍引至身体右后上方，拍形近似垂直。当来球跳至下降前期，身体向左转动，在上臂带动下，前臂向前下方用力将球削出，击球中部或中部偏下位置。

（2）反手削前冲弧圈球：与正手削前冲弧圈球相似，但方向相反（见图6-19）。

图 6-19　反手削前冲弧圈球

技术关键：

（1）削球时应加强挥拍击球的瞬间速度，克服来球旋转强、转速快的威胁，使拍摩擦球而不是"球撞拍"。

（2）应选择合适的击球时机，防止击球点过低，使调节拍形变得困难。

3.削追身球

特点与应用：对方来球直追身体，削球时需向左、右让位，技术难度较大。

动作要领：

（1）移步让位法：单步让位反手削，来球在中路偏左的位置，或善于用反手削中路球者，皆用此法。左脚向右后方撤半步或一步，腰带动身体略向左转，上臂靠近身体右侧，前臂上提引拍至胸高，拍形竖直。触球瞬间，上臂内旋、肘稍外展，前臂随身体重心向右下前方削出。

（2）单步让位正手削：来球在中路偏右，或习惯于用正手削中路球者，皆用此法。右脚向左后方撤半步或一步，腰带动身体向右转动，上臂靠近身体，前臂向右上方提起，拍形竖直。触球瞬间，以前臂随身体重心向下用力为主，手腕控制好拍形并有一摩擦球动作。

（3）换步让位反手削：右足先向右移半步，左足再随之向右后方移半步或一步，腰带动身体略向左扭转，腾出位置用反手削。此种让位方法比单步让位法腾出的空间大，利于手臂做动作，但不及单步让位快。

（4）换步让位正手削：左足先向左跨半步，右足再随整个身体的右转向右后方移半步或一步。许多选手采用此法，因为正手削球调节的空间比反手大。

技术关键：

（1）判断必须非常迅速，以便决定向左还是向右让位。

（2）当来球速度太快，不及移步让位时，可提拍上举迅速出手击球，同时收腹、含胸、提髋甚至双足腾起，借助身体自然下落的力量，辅助手臂向下用力压低弧线将球削出。

4.削突击球

特点与应用： 削突击球时常处于被动防守阶段，尤其是对方在发球、搓球、吊短球、拉球后进行的突击，前一板球与接突击球之间的差别很大，更增大了回削难度。削突击球，又称"顶重板"，是削球运动员必须要掌握的一项基本技术。

动作要领：

近台快截法：站位近台，对方突然起拍（如：搓中突击、发球抢攻或轻拉中突然起拍）往往采用此法。

（1）迅速用单步或跳步（一般用反手削者多用跳步，用正手削者多用单步）后退，并提拍上举，拍形竖直。

（2）看准来球，前臂协同身体重心以向下用力为主，下切快截。手腕控制好拍形，忌乱动。

远台前送法：站位离台较远，多在对方连续突击或在拉中突击时运用。因来球至身前时，速度与力量大减，并已至下降中后期，所以，整个动作是以向前为主。

技术关键：

（1）整个动作发力的顺序应是先压后送，下压多于前送，并注意借助来球的反弹力还击。

（2）站位近台时，向下用力要大；在远台击球点较低时，可适当增加向前的力量，以制造适当的回球弧线。

三、削球技术比较（见表 6-18）

表 6-18　削球技术比较

名称	击球前	击球时间	击球部位	发力
正手削球	手臂外旋，使拍面后仰	下降期	中下部	腰部带动手臂向左前下方发力
反手削球	沉右肩，曲臂向身体左上方引拍	下降期	中下部	腰带动手臂向右前方发力

四、削球易犯错误及纠正方法(见表 6-19)

表 6-19　削球易犯错误及纠正方法

编号	易犯错误	现象	纠正方法
1	拍形过分后仰	削接强烈上旋拉球或弧圈球时易出高球或出界	多与拉加转弧圈的选手练习,强调引拍时拍形应竖立
2	正手削球时,不是前臂带动上臂向上引拍(即前臂高于肘部),而是用肘部伸直向后拉,限制了前臂的下切动作	遇到强烈上旋和弧圈容易失误	先练习徒手动作,强调前臂带动上臂向上引拍,再上台练习体会此动作
3	只有前臂动作,不会运用身体重心的力量	控制球能力低,削弧圈球技术差,步法慢	观摩优秀削球选手的动作,重点观察其运用身体重心力量的方法,再仿而效之,练习徒手动作和上台对打。上台练习时,应多与弧圈球选手对练
4	削弧圈球时,手腕转动	易削球出界	先仅用前臂切削,不动手腕,待动作较稳定时再慢慢体会手腕配合前臂的下切动作
5	削球时,懒于移步选位,形成用手够球、以手法迁就步法的习惯	控制球能力低、削接弧圈球的能力尤差,而且难于加转	①为在最佳时间和最佳击球点位置触球,必须提高判断能力,养成移步选位的好习惯;②徒手动作练习。想象不同位置(左、中、右,远与近)的来球,然后移步引拍削球;③上台练习。陪练者有意经常变化拉球的力量和落点,迫使削球者必须移动脚步

五、削球技术的教学内容与练习方法（见表 6-20）

表 6-20　削球技术的教学内容与练习方法

编号	教学内容	练习方法
1	掌握好快慢节奏的练习	反复进行削球技术动作的徒手练习，特别要注意拍触球时，挥拍动作有一个加速过程
2	用正、反手削对方的发球练习	一是削对方发过来的上旋长球，体会削球的完整动作。二是削对方发的下旋球，体会拍面角度调整对球弧线的影响
3	用正、反手连续削对方的拉球练习	一是练习连续用正反手回削拉球；二是练习对拉球的控制
4	正、反手削直线和斜线球的练习	一是削直线时体会球拍的角度控制，使球削成直线；二是削斜线时体会球拍的角度与直线削球时的不同
5	正、反手两面削球的练习	一是学习正、反手一边一次的削球方法，学会用步法和身体调整削球的位置；二是区别正、反手削球和技术上的不同点，建立起相应的动力定型
6	削转与不转技术的练习	一是体会转与不转削球时，球的摩擦部位和用力方向。二是使两种旋转程度的削球动作统一起来
7	削、攻结合的练习	一是在练习好稳削的基础上，注意进行反攻；二是学会制造削中反攻的机会

六、削球练习要注意的几个问题

（1）削球应具备扎实的基本功，要能削弧圈、削一般拉球、接突击球。

（2）树立"积极防御"的指导思想，增大削球旋转的变化，提高逼角和落点的变化能力，控制好削球低度。

（3）必须具备灵活的步法和顽强的意志。

（4）重视削球与攻球的配合。

第九节　进攻性技术

一、进攻性技术运用与练习

1.摆速不定点技术的特点应用、动作要领及技术关键

摆速也称为"左推右攻"。摆速是乒乓球训练中的一个专有名词,它是指以正反手转换速度为特征的技术练习,是相持技术在来回与速度方面的总称。摆速技术实际上就是快攻技术与弧圈技术的融合,是进攻性技术与过渡性技术、积极的防守性技术的融合,也是技术与战术训练的融合。我们常说的基本功其实就是指摆速技术,它不仅仅是综合技术的体现,也是一个球手综合身体素质的反映。

动作要领:摆速是正手拉和反手拉快速转换的组合练习,从反手转向正手时,脚下重心马上转到右脚,完成正手拉动作。从正手转向反手时,脚下重心快速转到左脚,完成反手拉动作。

技术关键:

(1)手型和身型需要及时调整到位。

(2)正反手技术衔接、转换是摆速的难点。

2.推侧扑技术的特点应用、动作要领及技术关键

特点及应用:推侧扑是反手拉后,侧身用正手拉,然后扑向正手位用正手拉,是正反手拉的组合技术。通常是在反手无法轻易得分的情况下,选择侧身抢攻来提高杀伤力或得分,而扑正手一方面是在侧身抢攻未能直接得分时,能够进行连续进攻;另一方面是为侧身抢攻威胁不足时,对方变换落点,压正手位大角度时,起到过渡作用。

动作要领:反手拉球后,身体重心向左脚压,为侧身做准备。左脚蹬地,让开侧身位。身体重心右移,完成侧身拉。右脚蹬地还原,并扑向正手,完成拉球。

技术关键:

(1)侧身到位,交叉步步法准确。

(2)扑正手协调发力。

3.中远台对拉技术的特点应用、动作要领及技术关键

特点及应用:中远台对拉是以正手连续拉为基础的、更高层次及更难的一项技术。中远台对拉弧圈球,虽速度较慢,但旋转较强、力量较大,落台后有一定的前冲力,是弧圈球选手的一项必备技术。运用得好,可使其在退台后从相持或被动转为主动。

动作要领:(1)动作幅度稍大,引拍时球拍要低于来球,整个动作的用力方向是从右后向左前上方。(2)应充分发挥腿、髋、腰、臂和腕的力量,其中,尤应重视身体重心和前臂的作用。(3)拍形与台面垂直,触球中部。击球时间为下降前期或高点期,以撞击后的

摩擦发力为主。

技术关键：

(1)动作幅度加大，击球点在高点或下降点初期。

(2)腿、腰、手协调发力。

二、进攻性技术易犯错误及纠正方法(见表 6-21)

表 6-21　进攻性技术易犯错误及纠正方法

编号	易犯错误	现象	纠正方法
摆速不定点技术			
1	重心转换速度慢	正手转反手来不及	小碎步练习中，给出左右手信号提示，模仿转重心正手拉或反手拉
2	脚步还原不及时		正手拉完后，脚下步法还原到中间，手上动作也回到准备状态，思想上要先准备向反手位移动，因为反手转正手时间、空间都有，容易转换，正手转反手动作时间短、空间小，不容易转换
推侧扑技术			
1	侧身不到位	来不及扑正手	单球和多球练习时，扑正手的落点改为球台中间，练习者大胆侧身，体会侧身拉动作的完整性
2	扑正手时，外侧脚前交叉跨步过大，影响另一只脚跟进	上体无法顺势转腰	在单球和多球的练习中，直接从侧身拉开始，随后完成扑正手动作，体会外侧脚对不同角度的来球做出合理的跨步移动
中远台对拉技术			
1	不会运用身体重心的力量	拉球无力	明确在对拉弧圈球时重心转换的作用，再进行徒手动作和多球练习。进行练习时，应站位中台，体会中台拉球的空间感
2	判断来球有误	找不到合适的击球点	在多球的练习中，发球方发球时，模拟对拉，练习者通过反复击球，体会高点或下降点初期击球的感觉

三、进攻性技术的教学内容与练习方法(见表6-22)

表6-22　削球技术的教学内容与练习方法

编号	教学内容	练习方法
1	摆速不定点技术	1.多球定点反手两板,正手两板; 2.多球定点反手一板,正手一板; 3.单球定点反手两板,正手两板,一拉一防; 4.单球反手一板或两板,正手一板或两板,一拉一防; 5.单球摆速不定点,一拉一防
2	推侧扑技术	1.徒手推侧扑步法练习; 2.持拍推侧扑动作练习; 3.多球侧身拉后扑正手; 4.多球推侧扑; 5.单球推侧扑,一拉一防
3	中远台对拉技术	1.多球中台定点连续拉; 2.多球中台半台不定点连续拉; 3.单球一人中台拉,一人近台防; 4.单球定点对拉; 5.单球半台不定点对拉

第十节　乒乓球运动的基本战术

一、乒乓球战术的概念

所谓乒乓球运动的战术,即乒乓球运动在比赛中为战胜对手所采用的计谋和行动。我们在初级和中级已阐述过技术和战术的概念,也基本了解和初步掌握了一些组合技术。在高级的教学中仍然要练习初级和中级所学的战术,不断提高战术意识。因技术是战术的基础,只有掌握了全面、实用的技术,才有可能运用多变的战术,才能使技术得以充分发挥。在平时的每一次练习中,只有具备战术意识,才能练就真正实用的技术。技术和战术是不断发展的,技术的发展往往走在战术的前面,改进了原有技术,出现了新技术,可能会产生新战术。但是,先进的战术,又可以反过来促进战术的提高与发展。

173

二、高级班要学的基本战术

1.发球抢攻战术

发球抢攻是力争主动、先发制人的主要战术。在中级已阐述了各种类型打法普遍采用发球抢攻来抢占每个回合的上风及发球战术运用的效果主要取决于发球的质量,以旋转、线路、落点以及速度不同的发球来增加对方回击的难度,使其出现机会球,或降低回球质量,然后抢先进攻,以争取主动或直接得分,这是乒乓球所有打法特别是进攻型打法的主要战术和得分手段(见图6-20)。

图 6-20　发球抢攻战术

常用战术及应用:

发下旋球抢攻:通常以发下旋短球为主,使对手只能用搓球回击,从而进行正反手台内或近台进攻。适用于前三板抢攻速度快,台内技术好的选手。

发上旋球强攻:通常以发上旋短球为主,使对手只能用挑球或低质量的拧拉起板,直接形成上旋球,在自身准备充足的情况下,进行上旋强攻。适用于前三板抢攻速度快,单板拉球质量高的选手。

发急长球抢攻:通常用于对手盯住短球,并且回球质量高的时候,突然发出急长球,使对手反应不过来,降低回球质量,从而进行高质量进攻,是一种战略性发球变化。

2.接发球抢攻战术

接发球战术是与发球抢攻战术相抗衡的一项战术,其目的在于破坏对方发球抢攻战术的运用,争取形成相持或主动的局面(见图6-21)。

图 6-21　接发球抢攻战术

常用战术及应用：

摆短后抢攻：接下旋短球通常以摆短控制落点为主，影响对手回搓质量，在第四板时自己能够主动上手抢攻。适用于台内技术控制精细的选手。

劈长后反拉或主动防守：接下旋球时，可出其不意地快劈长球，对手反应不及，回球质量低，可使用反拉技术进行进攻，或主动防守控制落点，为第六板的进攻创造机会。适用于抢攻速度快以及相持能力强的选手。

接发球台内拧拉：通常用于接上旋短球，对手发球质量不高，直接在台内进行拧拉强攻得分。适用于单板质量高，相持能力强的选手。

3.对攻战术

对攻战术是进攻型打法在相持阶段常用的一项重要战术。主要依靠反手和正手拉的技术，利用正、反手拉球技术的速度和力量压制对方，争取主动和创造扣杀机会（见图 6-22）。

图 6-22　对攻战术

常用战术及应用：

反手相持：针对正手能力强，反手能力较弱的对手。进入相持阶段，始终把球压在对方的反手，使其只能用反手进行应对，直至失误。或者迫使其强行用正手，导致其回球质量低下，为自己创造进攻、得分机会。适用于正、反手相持能力强的选手。

相持变线：针对步法移动、重心转换慢的对手。形成相持后，主动变线调动对手，使其步法始终处在移动状态，无法站稳击球，从而导致其无谓失误的增多。适用于相持速度快、稳定性强的选手。

追身球：针对反手好、相持能力强的对手。在相持能力不如对手的情况下，采用压中路追身球，迫使对手移动步法去调节，从而留出空位，为自己创造出得分机会。适用于单板质量高、灵活多变的选手。

4.搓攻战术

搓攻战术是进攻型打法的辅助战术之一，主要利用搓球旋转的变化和落点的变化为抢攻创造机会，也是削球型打法争取主动的主要战术之一（见图6-23）。

图6-23　搓球战术

常用战术及应用：

搓大角度后进攻：搓正、反手位两边的大角度，使对手步法难以移动到位，影响击球质量，为自己进攻创造机会。适用于削球选手。

搓加转与不转：在搓球旋转上做变化，迷惑对手，使其判断不清是转或不转，犹豫出手，回球质量低下，从而获得进攻创造机会。适用于削球选手。

搓球过渡后进攻：攻球选手对战削球选手的主要战术之一。当没有很好的拉球机会时，通过搓球控制过渡，以寻找下一板高质量的进攻机会。适用于各类型打法。

5.拉攻战术

拉攻战术是以攻为主的选手对付削球的主要战术。为了发挥拉攻的战术效果，首先要具备连续拉的能力,并有线路、落点、旋转、轻重等变化,其次要有拉中突击和连续扣杀的能力(见图 6-24)。

图 6-24　拉攻战术

常用战术及应用:

稳拉后冲追身球:针对削球选手。在连续稳拉的过程中,寻找发力契机,一旦出现机会,发力冲向对手的中路追身位。适用于各类型打法。

稳拉后冲反向大角度:针对削球选手。在单线(反手削、正手削)连续稳拉的过程中,出现发力机会,快速提升拉球质量,冲向对手的反向大角度。适用于各类型打法。

6. 削中反攻战术

削中反攻战术是削球打法的主要进攻方式之一,主要靠稳健的削球,限制对方的进攻能力,为自己的反攻创造有利条件。它不仅增强了削球技术的生命力,也促进了攻防之间的积极转化(见图 6-25)。

图 6-25　削中反攻战术

常用战术及应用：

削大角度后反攻：在削的过程中，突然削到反向大角度，或者调动对手两面大角度来回跑，以降低对手拉球质量，为反攻创造机会。适用于削球选手。

削旋转后反攻：在削的过程中，通过加转与不转之间的来回转换，影响对手对旋转的正确判断，出手犹豫间，降低拉球质量，为反攻创造机会。适用于削球选手。

第十一节　高级乒乓球运动技术评价

一、主要内容及学时分配

1. 基本技术：18 学时；

2. 身体素质：10 学时；

3. 理论：2 学时；

4. 考试：2 学时；

5. 体质测试：2 学时（课外）；

6. 运动安全理论课：2 学时（秋学期：一年级新生，课外）；

7. 理论考试：1 学时（课外）。

二、测评内容和比例

春夏、秋冬学期学生体育课成绩评价指标及权重（见表 6-23）。

表 6-23　春夏、秋冬学期学生体育课成绩评价指标及权重一览

指标类别	权重	评价指标
运动专项	40%	根据不同专项特点，实行教考分离
身体素质	25%	春夏：12 分钟跑（20 分）＋50 米（5 分）；秋冬：12 分钟跑（20 分）＋引体向上（男）/仰卧起坐（女）（5 分）
体育理论	10%	体育理论，包括运动与健康知识、专项理论知识（指定本校教材）、运动安全与卫生、体质健康测试等，进行网络考试
学习过程	10%	专项教学课与专项辅导课。出勤率（迟到、早退、请假、旷课）扣分标准按学生体育手册执行，以记录学生上课过程中的表现

续表

指标类别	权重	评价指标
课外锻炼	15%	1.有效跑距和次数:每次男生 3.5 公里、女生 2.5 公里;每周"浙大体艺"APP 跑步记录不得少于 2 次。具体评分办法见表 4-3; 2.有效时段和时间:春(秋)学期第一周至夏(冬)学期第七周,上午6:00—7:30,下午 15:30—22:30,每次有效跑距完成时间为 12~45 分钟; 3.锻炼地点:校园和操场均可; 4.特殊天气:如遇雨、雪等特殊天气周可用其他周补齐

三、学习评价

1.学习目标

学生通过高级乒乓球内容的学习,可掌握一些常见发球及接发球技巧,进行一些战术的组合训练,学会运用弧圈球的高级技术,分析一些实际的比赛此课程为中高级乒乓球练习者提供研究和学习园地,同时能选拔优秀练习者参加全国大学生阳光联赛。

2.学习评价

为达到乒乓球高级水平的要求,高级班的学生不仅要在技术水平得到提高,还要积极参加校乒乓球"三好杯"的比赛及担任乒乓球"三好杯"的裁判工作,协助乒乓球社团工作及与乒乓球爱好者互动。可参加二级运动员的考核与比赛(见表 6-24)。

表 6-24 学习评价一览

测试项目	优秀		良好		及格	
	男	女	男	女	男	女
正手中台攻球(离球台 1 米左右)/个	20	15	15	12	10	9
正手位连续拉弧圈球/个	20	15	15	10	9	6
连续摆近网短球/个	7	6	5	4	3	3

四、测评内容和评分标准

具体考核操作如下:

由小球团队指定同一时间进行搓中拉球,教考分离。每个学生有 2 次考试机会,2 次考试取成绩好的一次。

考试内容:

1.搓中拉球。占总成绩的 10%。

2.乒乓球比赛。占总绩的 30%。

考试方法：

1.考生在侧身位正手发下旋球后,将对方回搓到反手位 1/2 台的下旋球,侧身使用正手将球拉起,然后继续使用正手以中等力量在反手位 1/2 台区域内不定点连续走位攻(拉),不得轻打(拉),否则算失分。

2.乒乓球比赛第一阶段采用分组循环制,第二阶段采用淘汰加附加赛,三局二胜制,决出班级学生名次。

评分标准：

1.搓中拉一板一次为 10 分,2 次为 20 分,以此类推,10 次为 100 分,每个考生有 10 次机会,累计得分为最后成绩。

2.按比赛成绩记分:96 至 100 分,占班级人数的 30%;

91 至 95 分,占班级人数的 40%;

86 至 90 分,占班级人数的 20%;

80 至 85 分,占班级人数的 10%。

五、身体素质测评内容和评分标准

查看初级第四章第十节第五点身体素质测评内容和评分标准。

六、课外 APP 锻炼测评标准

查看初级第四章第十节第六点课外 APP 锻炼测评标准。

 **知识拓展**

乒坛皇后——邓亚萍

邓亚萍,1973 年 2 月 6 日生于河南省郑州市,奥运冠军,乒乓球"大满贯"得主。5 岁时,她开始打乒乓球,1988 年,正式进入国家队。1989 年,年仅 16 岁的邓亚萍首次参加世乒赛就夺得女双冠军。1992 年在巴塞罗那奥运会获得女子单、双打两枚金牌。在 1996 年亚特兰大奥运会上邓亚萍再次包揽女单与女双冠军。她 8 年内为中国拿到了 4 枚奥运会女乒的金牌,成了世界女子乒乓球绝对霸主。邓亚萍在 14 年的乒乓球运动生涯中,共拿到 18 个世界冠军,是乒乓球史上保持"世界第一"纪录时间最长的女运动员,现为河南邓亚萍体育产业投资基金创始人。

 **学以致用**

1.如何能够很好地掌握乒乓球弧圈球技术？

2.乒乓球弧圈球有哪几种？

3.为什么乒乓球弧圈球动作基本看上去都是直线运动轨迹呢？

4.阐述削球的特点和作用。

5.阐述步法与削球的关系。

第七章　乒乓球比赛规则与竞赛的组织编排

第一节　乒乓球比赛主要规则

应知导航

本章主要介绍乒乓球比赛中最基本的规则、裁判方法，以及关于乒乓球比赛基本方法，竞赛工作组织运行的程序等知识，通过对本章的学习，同学们可以较详细地了解乒乓球比赛的相关知识，能自觉运用乒乓球比赛规则，切磋球技，以球会友，促进交流，同时获得并提高独立组织和完成乒乓球竞赛的能力，促进乒乓球运动的蓬勃发展。

一、球台

1. 球台的上层表面叫作比赛台面，应为与水平面平行的长方形，长 2.74 米，宽 1.525 米，离地面高 0.76 米。

2. 比赛台面不包括球台台面的侧面。

3. 比赛台面可用任何材料制成，应具有一致的弹性，即当标准球从离台面 30 厘米高处落至台面时，弹起高度应约为 23 厘米。

4. 比赛台面应呈均匀的暗色，无光泽。沿比赛台面长边边缘各有一条 2 厘米宽的白色边线，沿比赛台面宽边边缘各有一条 2 厘米宽的白色端线。

5. 比赛台面由一个与端线平行的垂直的球网划分为两个相等的台区，各台区的面积应是一个整体。

6. 双打时，各台区应由一条 3 毫米宽的白色中线划分为两个相等的"半区"。中线与边线平行，并应视为右半区的一部分。

二、球网装置

1. 球网装置包括球网、悬网绳、网柱及将它们固定在球台上的夹钳部分。

2. 球网应悬挂在一根绳子上,绳子两端系在高 15.25 厘米的直立网柱上,网柱外缘离开边线外缘的距离为 15.25 厘米。

3. 整个球网的顶端距离比赛台面 15.25 厘米。

4. 整个球网的底边应尽量贴近比赛台面,其两端应尽量贴近网柱。

三、球

1. 球应为圆球体,直径为 40 毫米以上。

2. 新材料球与旧材料球重量相同,保持在 2.73~2.76 克。

3. 以绿色环保的醋酸纤维素为新材料制成的乒乓球,呈白色或橙色,且无光泽,不自燃,可以空运。

四、球拍

1. 球拍的大小,形状和重量不限,但底板应平整、坚硬。

2. 底板厚度至少应有 85% 的天然木料;加强底板的黏合层可用诸如碳纤维、玻璃纤维或压缩纸等纤维材料,每层黏合层不超过底板总厚度的 7.5% 或 0.35 毫米。

3. 用来击球的拍面应用一层颗粒向外的普通颗粒胶覆盖,连同黏合剂厚度不超过 2 毫米;或用颗粒向内或向外的海绵胶覆盖,连同黏合剂,厚度不超过 4 毫米。

(1)"普通颗粒胶"是一层无泡沫的天然橡胶或合成橡胶,其颗粒必须以每平方厘米不少于 10 颗,不多于 30 颗的平均密度分布于整个表面。

(2)"海绵胶"即在一层泡沫橡胶上覆盖一层普通颗粒胶,普遍颗粒胶的厚度不超过 2 毫米。

4. 覆盖物应覆盖整个拍面,但不得超过其边缘。靠近拍柄部分以及手指执握部分可不予以覆盖,也可用任何材料覆盖。

5. 底板、底板中的任何夹层以及用来击球一面的任何覆盖物及黏合层均应为厚度均匀的一个整体。

6. 球拍两面不论是否有覆盖物,必须无光泽,且一面为鲜红色,另一面为黑色。

7. 球拍覆盖物不得经过任何物理的、化学的或其他处理。

意外的损坏、磨损或褪色,可能造成拍面的整体性和颜色上的一致性出现轻微的差异。只要未明显改变拍面的性能,可以允许使用。

8. 比赛开始时及比赛过程中,运动员需要更换球拍时,必须向对方和裁判员展示他将要使用的球拍,并允许他们检查。

9.胶水：应采用无机胶水。

五、定义

1."回合"：球处于比赛状态的一段时间。

2."球处于比赛状态"，从发球时球被有意向上抛起前静止在不执拍手掌上的最后一瞬间开始，直到该回合被判得分或重发球。

3."重发球"：不予判分的回合。

4."一分"：判分的回合。

5."执拍手"：正握着球拍的手。

6."不执拍手"：未握着球拍的手。

"不执拍手臂"：未握着球拍的手臂。

7."击球"：用握在手中的球拍或执拍手手腕以下部分触球。

8."阻挡"：对方击球后，在比赛台面上方或向比赛台面方向运动的球，尚未触及本方台区，即触及本方运动员或他穿戴（带）的任何物品，即为阻挡。

9."发球员"：在一个回合中，首先击球的运动员。

10."接发球员"：在一个回合中，第二个击球的运动员。

11."裁判员"：被指定管理一场比赛的人。

12."副裁判员"：被指定在某些方面协助裁判员工作的人。

13.运动员"穿或戴（带）"的任何物品，包括他在一个回合开始时穿或戴（带）的任何物品，但不包括比赛用球。

14.越过或绕过球网装置：除从球网和比赛台面之间通过以及从球网和网架之间通过的情况外，球均应视作已"越过或绕过"球网装置。

15.球台的"端线"包括端线两端的无限延长线。

六、合法发球

1.发球时，球应自然地置于不执拍手的手掌上，手掌张开，保持静止。

2.发球员须用手将球几乎垂直地向上抛起，不得使球旋转，并使球在离开不执拍手的手掌之后上升不少于16厘米，球下降到被击出前不能碰到任何物体。

3.当球从抛起的最高点下降时，发球员方可击球，使球首先触及本方台区，然后越过或绕过球网装置，再触及接发球员的台区。在双打中，球应先后触及发球员和接发球员的右半区。

4.从发球开始，到球被击出，球要始终在比赛台面的水平面以上和发球员的端线以外；而且从接发球方看，球不能被发球员或其双打同伴的身体或他们所穿戴（带）的任何物体挡住。

5.球一旦被抛起，发球员的不执拍手臂应立即从球和球网之间的空间移开。球和球网之间的空间由球和球网及其向上的延伸来界定。

6.运动员发球时,有责任让裁判员或副裁判员看清他是否按照合法发球的规定发球,且裁判员或副裁判员均可判定发球不合法。

(1)如果裁判员或副裁判员对发球的合法性不确定,在一场比赛中第一次出现时,可以中断比赛并警告发球方,但此后如果该运动员或其双打同伴的发球动作的正确性再次受到怀疑,不管是否出于同样的原因,不再警告而判失一分。

(2)无论是否是第一次,只要发球员明显没有按照合法发球的规定发球,他将被判失一分,无须警告。

7.运动员因身体伤病而不能严格遵守合法发球的某些规定时,可由裁判员做出决定免予执行,但须在赛前向裁判员说明。

七、合法还击

对方发球或还击后,本方运动员必须击球,使球直接越过或绕过球网装置,或触及球网装置后,再触及对方台区。

八、比赛中的击球次序

1.在单打中,首先由发球员合法发球,再由接发球员合法还击,然后两者交替合法还击。

2.在双打中,首先由发球员合法发球,再由接发球员合法还击,然后由发球员的同伴合法还击,再由接发球员的同伴合法还击,此后,运动员按此次序轮流合法还击。

3.在两名由于身体残疾而坐轮椅的运动员配对进行的双打中,发球员应先发球,接发球员应还击,此后任何一名运动员均可还击。

然而,运动员轮椅的任何部分不能超越球台中线的假定延长线。如果超越,裁判员将判对方得一分。

九、重发球

1.回合出现下列情况应判重发球

(1)如果发球员发出的球,在越过或绕过球网装置时,触及球网装置,此后成为合法发球或被接发球员或其同伴阻挡。

(2)如果接发球员或同伴未准备好时,球已发出,而且接发球员或其同伴均没有企图击球。

(3)由于发生了运动员无法控制的干扰,而使运动员未能合法发球、合法还击或遵守规则。

(4)裁判员或副裁判员暂停比赛。

(5)由于身体残疾而坐轮椅的运动员在接发球时,发球员进行合法发球之后,出现下列情况:

①球在触及接发球方的台区后,朝着球网方向运行;

②球停在接发球员的台区上;

③在单打中,球在触及接发球员的台区后,从其任意一条边线离开球台。

2.可以在下列情况下暂停比赛

(1)由于要纠正发球、接发球次序或方位错误;

(2)由于要实行轮换发球法;

(3)由于警告或处罚运动员;

(4)由于比赛环境受到干扰,以致该回合结果有可能受到影响。

十、得一分

1.除被判重发球的回合,下列情况运动员得一分:

(1)对方运动员未能合法发球;

(2)对方运动员未能合法还击;

(3)运动员在发球或还击后,对方运动员在击球前,球触及除球网装置以外的任何东西;

(4)对击球后,球没有触及本方台区而越过本方台区或端线;

(5)对方阻挡;

(6)对方故意连续两次击球;

(7)对方用不符合对本章规则针对"四、球拍"要求中的第"3.4.5"条款的拍面击球;

(8)对方运动员或他穿或戴的任何东西使比赛球台移动;

(9)对方运动员或他穿或戴的任何东西触及球网装置;

(10)对方运动员不执拍手触及比赛台面;

(11)双打时,对方运动员击球次序错误;

(12)执行轮换发球法时,接发球运动员或其双打同伴,包括接发球一击,完成了13次合法还击;

(13)如果双方运动员或双打配对由于身体残疾而坐轮椅:

①对方击球时,其大腿后部未能和轮椅或坐垫保持最低限度的接触;

②对方击球前,其任意一只手触及比赛球台;

③比赛中对方的脚垫或脚触及地面。

(14)比赛次序出现此情况。(1.8.3 在两名由于身体残疾而坐轮椅的运动员配对进行的双打中,发球员应先发球,接发球员应还击,此后任何一名运动员均可还击。然而,运动员轮椅的任何部分不能超越球台中线的假定延长线。如果超,裁判员将判对方得一分)。

十一、一局比赛

在一局比赛中,先得 11 分的一方为胜方,10 平后,先多得 2 分的一方为胜方。

十二、一场比赛

1.一场比赛应采用三局两胜制或五局三胜制或七局四胜制。

2.一场比赛应连续进行,但在局与局之间,任何一名运动员都有权要求不超过一分钟的休息时间。

十三、发球、接发球和方位的选择

1.选择发球、接发球和方位的权利应由抽签来决定,中签者可以选择先发球或先接发球,或选择先在某一方。

2.当一方运动员选择了先发球或先接发球,或选择了先在某一方位后,另一方运动员必须有另一个选择。

3.在获得每2分之后,接发球方即成为发球方,以此类推,直至该局比赛结束,或者直至双方比分都达到10分或实行轮换发球法。这时,发球和接发球次序仍然不变,但每人只轮发1分球。

4.在双打的第一局比赛中,先发球方确定第一发球员,再由先接发球方确定第一接发球员。在以后的各局比赛中,第一发球员确定后,第一接发球员应是前一局发球给他的运动员。

5.在双打中,每次换发球时,前面的接发球员应成为发球员,前面的发球员的同伴应成为接发球员。

6.一局中首先发球的一方,在该场下一局应首先接发球。在双打决胜局中,当一方先得5分时,接发球方应交换接发球次序。

7.一局中,在某一方位比赛的一方,在该场下一局应换到另一方位。在决胜局中,一方先得5分时,双方应交换方位。

十四、发球、接发球次序和方位的错误

1.裁判员一旦发现发球、接发球次序错误,应立即暂停比赛,并按该场比赛开始时确立的次序,按场上比分由应该发球或接发球的运动员发球或接发球;在双打中,则按发现错误时那一局中首先有发球权的一方所确立的次序进行纠正,继续比赛。

2.裁判员一旦发现运动员应交换方位而未交换时,应立即暂停比赛,并按该场比赛开始时确立的次序,按场上比分运动员应站的正确方位进行纠正,再继续比赛。

3.在任何情况下,发现错误之前的所有得分均有效。

十五、轮换发球法

1.如果一局比赛进行到10分钟仍未结束(如果一局比赛比分已达到至少18分时除

外），或者在此之前任何时间应双方运动员要求，应实行轮换发球法。

2.实行轮换发球法的时间到时，球仍处于比赛状态，裁判员应立即暂停比赛。由被暂停回合的发球员发球，继续比赛。

3.实行轮换发球法的时间到时，球未处于比赛状态，应由前一回合的接发球员发球，继续比赛。

4.此后，每位运动员应轮发 1 分球，直至该局结束。如果接发球方进行了 13 次合法还击，则判接发球方得 1 分。

5.轮换发球法一经实行，将一直执行到该场比赛结束。

第二节　术语和手势

　　术语和手势是临场裁判员在执行规则时的技术用语和动作。"手势"是临场裁判员除了口语之外的另一种比赛提示方法。在比赛过程中，若现场观众因角度、距离等因素看不到比分，裁判员的手势就可以成为一种让观众了解比赛进程的信息来源。一般对于明显的现象，可以不必用术语和手势。

　　临场裁判员应做到说术语时清晰、洪亮；手势准确、果断。

　　术语和手势一般有以下几种。

　　1.练习 2 分钟

　　在一场比赛开始前，裁判员在报出"练习 2 分钟"的同时，右手举起，肘部弯曲，伸出食指、中指（见图 7-1）。

图 7-1

　　2.发球

　　运动员发球时，有责任让裁判员或副裁判员看清他是否按照合法发球的规定发球，且裁判员或副裁判员均可判定发球不合法。以下不合法发球的手势有：

(1)抛球高度不够(见图 7-2)

图 7-2

(2)手掌未张开(见图 7-3)

图 7-3

(3)球置手指上发球(见图 7-4)

图 7-4

（4）台面以下发球（见图7-5）

图 7-5

（5）端线以内发球（见图7-6）

图 7-6

（6）遮挡发球（见图7-7）

图 7-7

3. 发球

在一局比赛中，运动员第一次发球，或下一轮发球前，裁判员在报出发球方称谓的同时，五指并拢，手臂自然伸直指向发球方，示意该运动员发球（见图7-8）。（一局比赛或一场比赛结束后，裁判员宣布比赛结果时，也应做出该手势手臂指向获胜方。）

图 7-8

4. 报分

《乒乓球竞赛规则》是这样描述的：当判得分时，裁判员应将靠近得分方的手臂举起，使上臂水平，前臂垂直，手握拳向上。在临场操作时，裁判员应尽量使大臂与躯体、小臂与大臂形成直角状态，握拳的虎口部分朝向头部（见图7-9）。

图 7-9

5. 停

比赛时，当"停止练习""时间到""发球犯规""擦网""暂停""外界球进入场地"以及因其他因素需要裁判员暂停时，裁判员在报出"停止练习""擦网"等临场术语的同时，五指并拢，手臂自然伸直上举。在操作时，裁判员应注意手臂尽量上举过头，避免过度前倾（见图7-10）。

图 7-10

6. 擦边

回合中,当处于比赛状态的球"擦边"后结束比赛状态,裁判员在报出"擦边"的同时,应用靠近擦边一侧的食指指向球台,示意这一回合球擦边(见图 7-11)。

图 7-11

7. 出示黄牌

乒乓球比赛中也会出现红、黄牌,主要是针对一些运动员或者教练员的违规行为做出的惩罚。红、黄牌的实质是对运动员行为作风的处理牌,对教练员不良行为(主要是非法指导)的处理牌。正式警告时出示黄牌(见图 7-12)。

图 7-12

8. 出示红、黄牌或红牌

运动员受到警告后,首次再犯,裁判员向其同时出示黄牌和红牌,并判对方得一分。第二次再犯,裁判员可判对方得两分,同时出示黄牌和红牌。场外指导教练如果没有合法指导者的身份,或者在规定时间外指导队员,也将受到裁判员的警告。警告之后再犯,将教练员逐出赛区时应出示红牌(见图 7-13)。

图 7-13

9. T 表示暂停

暂停牌是一个三角形的形状,三个面每一个面都有黑色的 T 表示暂停,要将其中一角对准球台中间那条白线,这样做的原因是可以让全方位的观众和教练清楚地看见表示暂停的 T(见图 7-14)。

图 7-14

第三节　乒乓球裁判方法

一、裁判员临场管理的基本内容

裁判员是一场比赛的组织者,必须根据规则和规程对一场比赛实行全面的管理:

1. 比赛双方得失分的管理:对比赛胜负机制的管理,这是一场比赛最基本的管理,必须在准确地认定比赛事实的基础上,公正地对每一个回合做出及时的判决。

2. 对比赛器材的管理:包括比赛球台、球网、球和球拍等。其中,球台、球网和球的质量规格及球台的布局在赛前已由裁判长检查认定,但仍需裁判员实施下列管理。

在该场比赛开始前:

检查球台、球网的安置及比赛用球,确保其符合规定;

检查运动员的球拍,发现有不合规定的则要求运动员更换;

要求运动员选定两、三个双方都能接受的比赛用球,如果双方意见不一致而使比赛不能进行时,由裁判员任意决定一个比赛用球。

在该场比赛进行中:

确保比赛球台、球网的安置始终符合规定;

防止运动员擅自更换比赛用球和球拍;

在不能实现上述管理目标时应立即报告裁判长。

3. 比赛条件的管理:包括比赛场地、灯光、挡板、计分器、队名牌或人名牌等,尽管赛前已由裁判长检查认定,但仍需要裁判员在该场比赛开始前再行检查,并在比赛进行中维持这些比赛条件的标准和规范,一旦发现问题应在职责允许并力所能及的范围内及时处理,解决不了的应立即报告裁判长。

4.运动员比赛服装的管理:

比赛服的式样,一般应是短袖运动衫、短裤或短裙、短袜和运动鞋;

比赛服的颜色,可以是任何颜色,但短袖运动衫、短裤或短裙的主要颜色应与比赛用球的颜色明显不同,短袖运动衫的袖子和领子除外;

比赛服上的运动员号码或字样、徽章、标记、广告及装饰物必须符合规定;

团体赛同队运动员或同一协会运动员组成的双打配对,服装款式和颜色应一致,鞋袜除外;

比赛双方运动员应穿着颜色明显不同的运动衫;当裁判员对运动员的比赛服装是否合乎规定有怀疑时,或当上列某项要求不能实现时,且在裁判员已经通知运动员更换比赛服装而运动员拒绝更换的情况下,应立即报告裁判长。

5.对比赛时间的管理:除法定的间歇外,要保证全场比赛连续进行。

(1)一场比赛的局与局之间,可允许运动员有不超过1分钟的休息时间;

(2)允许需要连场比赛的运动员在连场的比赛之间有最多5分钟的休息时间;

(3)每局比赛中,允许运动员在每打完6分球后或决胜局交换方位时,用短暂的时间擦汗;

(4)一名或一对双打运动员可在一场比赛中要求一次暂停,时间不超过1分钟。

(5)运动员在比赛中损坏了球拍,应立即替换随身带来的另一块球拍或场外递进的球拍。

在替换破球或损坏的球拍以后,可允许运动员练习少数几个回合,然后继续比赛;运动员因意外事件而暂时丧失比赛能力并要求紧急中断时,应立即报告裁判长;除非裁判长允许,运动员在一场比赛中应留在赛区内或赛区附近,在局与局之间的法定休息时间内,裁判员应监督运动员留在赛区周围3米以内的地方。

6.对场外指导的管理:应按下列要求防止非法的场外指导影响比赛的公正性。

(1)团体比赛中运动员可接受任何人的场外指导,但单项比赛中运动员只能接受在该场比赛开始前向裁判员指明的一位指导者的指导,否则即应令其远离赛区;如果一对双打运动员来自不同协会,则可分别授权一名指导者,如未被授权的人进行指导,裁判员应出示红牌令其远离赛区。

(2)只要没有拖延比赛,运动员可以在除比赛回合中的任何时间接受场外指导。如被授权的指导者进行非法的指导,裁判员将出示黄牌进行警告,对警告后再次违反者应出示红牌令其远离赛区,如其拒绝离开,则应立即报告裁判长(2016年10月1日开始执行)。

7.对运动员行为作风的管理：

(1)应督促运动员避免那些可能不公平地影响对手、冒犯观众或影响本项运动声誉的不良作风或行为表现；

(2)如该场比赛中运动员在赛区内的行为表现不符合上述要求时,若属初犯,则应予以警告(出示黄牌)；如警告后首次再犯,可判其对方得一分(同时出示红、黄牌)；第二次再犯,可判其对方得两分(同时出示红、黄牌)；此后再犯或一场比赛中任何时候出现严重冒犯行为(包括未通知裁判员和对方即自行更换球拍),应立即报告裁判长。

8.比赛运行机制的管理：包括团体赛双方运动员的出场顺序,一场比赛开始时发球、接发球和方位的选择,比赛中发球、接发球和方位的交换以及击球次序、轮换发球法等方面的管理,要求按规则予以有条不紊的控制。

9.对比赛技术文书的管理：

(1)团体赛前根据秩序册核对双方填写的排名表；

(2)赛前和赛后记分表的填写；

(3)赛后记分表的送签和分发、上交。

10.对观众的管理：也是一种无形的、间接的管理,要求在组织比赛并保证比赛正常进行的过程中,把观众的注意力吸引到比赛上,促使形成激励运动员顽强拼搏、有利于比赛各方充分发挥技术和战术水平的良好氛围。

二、裁判员判分时应注意的几点问题

1.每个回合除重发球外必须判分,规则规定了判分的不同依据。一个回合的关键通常在于球脱离比赛状态的那一时刻,裁判员应该谨防根据自己的预测来做出判定,而该回合的结果可能与他的预测完全不同；

2.不是所有的判分都像未能合法发球或合法还击那样直接与比赛有关。例如,当一名运动员打了一个制胜的球,但在球尚未脱离比赛状态时,他的不执拍手不小心触及了比赛台面或移动了比赛球台,他将失去一分,而不考虑他的对手是否能够合法还击；

3.裁判员绝不能在规则条文之外判分,裁判员所有的判决总是应该有相应的规则依据。因此,裁判员应仔细地研究、理解所有可以判一分的规则条文；

4.某些犯规并不能自动导致比赛终止,该回合必须通过裁判员的报分来终止。回合为什么被终止,有时运动员清楚,有时可能不清楚,裁判员、副裁判员应该进行解释,最好使用规范的语言解释。

三、临场裁判员操作程序

（一）比赛前

1. 准备裁判用具包括以下物品：比赛用球、量网器、挑边器、队名牌、人名牌、团体赛排名表、记分表、记录用圆珠笔、复写纸、夹板、曲别针、秒表、秩序册等。

2. 裁判员应在每节比赛前 10～15 分钟检查场地。

3. 团体赛在赛前 20 分钟找双方队长抽签，确定主队与客队。每场比赛前 10 分钟找双方队员抽签，选择发球、接发球或方位。

（二）比赛中

1. 开始练习时，裁判员宣布"练习两分钟"，然后把球从台面上滚动给发球员。

2. 宣布比赛开始前，裁判员应向副裁判员示意，先向接发球一方报"准备"后，把球从台面上滚动给发球员，然后坐回裁判席，在接球员做好准备时，宣布"发球"。报"零比零"，比赛开始。

3. 双打比赛开始前，裁判员应要求双方明确第一发球员和第一接发球员。

4. 根据规则规定每分球结束后，用术语和手势判定得失分，并及时报分。先报发球方的分，后报接发球方的分。

5. 当出现球台移动时，裁判员应立即中断比赛并判其失分，然后调整球台、量网，再开始比赛。

6. 一场比赛结束后，主裁判应举拳示意获胜一方。

（三）比赛后

1. 迅速填好记分表，双方运动员签字后，经裁判长审核无误后送交大会记录组。

2. 清点器材，把队名牌、人名牌等各项用具收回。

四、其他

1. 裁判员的坐姿

（1）主裁判。

在临场执法时，主裁判须上身端坐，两腿及双膝尽量靠拢，双手自然放在双膝或座椅扶手或裁判椅搭板上。在比赛过程中,主裁判应身体略微前倾,全神贯注地关注比赛。在比赛间歇时,上身可以靠在椅背休息。为了方便看清运动员发球是否擦网,主裁判的身体重心和观察视线可稍与球网的垂直线错开一些距离。

(2)副裁判。

比赛中,副裁判的坐姿与主裁判相同,双手握在裁判桌上翻分器的两侧。

2.裁判员入场

一般正式比赛,在每一单元开始时会安排裁判员统一入场。

(1)两名裁判员(主、副裁判)。

主裁判在前,副裁判及双方运动员在后依次进入场地;或主裁判在前,双方运动员在中间,副裁判在后依次进入场地;

进入场地后,裁判应面向主席台或比赛横幅或指定位置站立,停顿短暂片刻即开始比赛。

(2)一名裁判员。

裁判员在前,带领双方运动员入场;进入场地后,裁判应面向主席台或比赛横幅或指定位置站立,停顿短暂片刻即开始比赛。

(3)在不安排统一入场的比赛中,裁判员可自行列队进入场地,站在球台两侧等候运动员入场。

(4)裁判员无论面向哪方站立,球台应始终置于他的前面。

3.比赛结束及退场

一场比赛结束时,主裁判须及时准确记录比分,填写记分单。副裁判应收回比赛用球,确认主裁判完成记录比分后,使翻分器显示为无比赛状态,站在裁判桌旁等待主裁判。

主裁判完成工作后走到副裁判一侧,双方面向球台略作停顿,然后主裁判在前,成一列纵队退出比赛场地。进场及退场时,裁判员要避免跨越比赛挡板。

五、裁判服装

主、副裁判员须着装一致,应穿着与比赛用球颜色有差异的服装,穿软底正装鞋。

第四节　乒乓球比赛基本方法

一、单循环赛

参加比赛的队(人)之间轮流比赛一次,即为单循环赛。这种比赛方法可使各队之间接触机会增多,有利于互相学习,共同提高,所产生的比赛结果较合理。但它也有缺点,如比赛场次多,比赛时间长,所用场地数量多等等。

由于参加队数较多,故多采用分阶段、分组单循环赛或分级、分组单循环赛。

1.单循环赛的场数

在单循环比赛时,每个队要与同组所有队比赛一次,比赛场数等于参加队数减1再乘以队数后除以2,就是比赛的总场数。

即:
$$场数 = \frac{队数(队数-1)}{2}$$

例如:6个队参加的单循环赛实际比赛场数为:
$$\frac{6\times(6-1)}{2}=15$$

2.单循环赛的轮数

在小组循环赛中各队出场比赛一次,称为"一轮",每两个队之间比赛一次称为"一场"。计算轮数会出现两种情况:

如果一个小组的队数为双数时,每队都遇到一个不同的对手,所以轮数=队数-1。如果一个小组的队数为单数时,总有一个队要轮空(遇不上对手),因此,每个队在小组内不但要和每个对手(人数-1)比赛一次,而且还要轮空一次。所以轮数=队数。

3.单循环比赛的轮转顺序

确定小组单循环的比赛顺序,要考虑比赛场次进度的一致性,避免连续作战,尽量使各队机会均等,并要注意每一轮强、弱队的搭配。另外还要使强队或水平相近的队在最后相遇,从而使比赛逐步进入高潮。

确定单循环比赛顺序的方法很多,目前经常采用的方法主要是"逆时针轮转法"。

例如:6个队参加比赛的排法(见表7-1)。

表7-1　双队单循环比赛的轮转

第一轮	第二轮	第三轮	第四轮	第五轮
1—6	1—5	1—4	1—3	1—2
2—5	6—4	5—3	4—2	3—6
3—4	2—3	6—2	5—6	4—5

这种轮转方法是:1号位置固定不动,其他位每轮按逆时针方向转动一个位置,即可排出下一轮的比赛顺序。

例如:5个队参加比赛的排法(见表7-2)。

当队数为单数时,用"0"补成双数。然后按逆时针轮转,排出各轮比赛顺序。其中遇到"0"者.即为该场轮空。

表 7-2　单队单循环比赛的轮转

第一轮	第二轮	第三轮	第四轮	第五轮
1—0	1—5	1—4	1—3	1—2
2—5	0—4	5—3	4—2	3—0
3—4	2—3	0—2	5—0	4—5

4.单循环赛名次的确定

在分组循环赛中,小组里每一成员应与组内所有其他成员进行比赛。胜一场得2分,输一场得1分,未出场比赛或未完成比赛的场次为0分,小组名次应根据所获得的场次分数决定。

如果小组的两个或更多的队得分数相同,他们有关的名次应按他们相互之间比赛的成绩决定。首先计算他们之间获得的场次分数,再根据需要计算个人比赛场次(团体赛时)、局和分的胜负比率(胜/负),直至算出名次为止。

二、单淘汰赛

运动员按编排的比赛秩序进行比赛,胜者进入下一轮比赛,负者淘汰,即为单淘汰赛。这种比赛方法便于在人数多、时间短、场地少的条件下组织,同时也可使比赛逐步进入高潮。世界乒乓球锦标赛中,男子单打、女子单打、男子双打、女子双打、混合双打都采用单淘汰的比赛方法。

1.单淘汰赛如何选择号码位置数

单淘汰赛的冠亚军比赛,是在两个人之间进行的。这两个人是由 4 人比赛产生的,而 4 个人又是由 8 个人产生的。

所以,采用单淘汰赛的比赛办法时,应先根据参加比赛的人数选择最接近的、较大的 2 的乘方数作为号码位置数。

常用的号码位置数是:$2^4=16$　$2^5=32$　$2^6=64$　$2^7=128$

如果参加比赛的运动员人数不足号码位置数时,需要安排轮空,使参加第二轮比赛的运动员人数正好是 2 的乘方数。

如果参加比赛的人数稍大于 2 的某个乘方数时,需要安排轮空位置太多,这时可不安排轮空,而用"抢号"的方法解决。即以最接近的较大的 2 的乘方数为号码位置数,其中一部分运动员进行"抢号"。"抢号"就是两名运动员或几名运动员使用一个号码位置,先进行比赛。

"轮空"或"抢号"的办法,本质上是一致的。

2.单淘汰赛的轮数

单淘汰赛的轮数为选用号码位置数的 2 的乘方数,2 的几次方即为几轮。当人数在

2 的乘方数之间时,为较大的乘方数。如:16 个号码位置为 4 轮;32 个号码位置为 5 轮;64 个号码位置为 6 轮;128 个号码位置为 7 轮。

如果有 66 名运动员参加比赛,不管用轮空或抢号法,都要进行 7 轮比赛。

3.单淘汰赛的场数

在单淘汰赛中,每进行一场比赛即淘汰一名运动员,如果参加比赛的运动员全部淘汰,那么所需要的比赛场数与参加比赛的运动员人数相等。但最后一名冠军不可能被淘汰,所以实际比赛场数应为参加比赛的"人数－1",即:场数＝参加人数－1。

例如:64 人参加比赛,最后剩下一名冠军时,已淘汰 63 人(进行了 63 场比赛),所以场数为 64－1＝63(场)。

4.单淘汰赛的附加赛

单淘汰赛只能确定冠亚军。用附加赛的办法可进一步排出前 8 名或前 6 名的顺序。进入前 8 名的运动员,每一轮的胜者与胜者、负者与负者之间进行比赛,直到排出前 6 名或前 8 名的名次。

第五节　种子和轮空

一、种子

乒乓球比赛由于参加的队数、人数较多,一般多采用分组循环赛和淘汰赛的比赛方法。为了避免强队强手过早相遇,可把他们确定为"种子"。抽签时,先把"种子队员"合理分开,使他们最后相遇,这样在比赛中产生的名次比较合理。

种子位置表

1	256	129	128	65	192	193	64
33	224	161	96	97	160	225	32
17	240	145	112	81	176	209	48
49	208	117	80	113	144	241	16
9	248	137	120	73	184	201	56
41	216	169	88	105	152	233	24
25	232	153	104	89	168	217	40
57	200	185	72	121	136	249	8

201

查表方法:按比赛所设种子数目,依次(逐行由左向右)摘出小于或等于比赛号码位置数的号码,即为种子位置号码。如123人参加比赛,应用128个号码位置。如设8名种子,依次摘出小于或等于128的8个号码——1、128、65、64、33、96、97、32,即为1、2、3、4、5、6、7、8号种子的种子位置号码。

二、轮空

在单淘汰第一轮比赛中,运动员少于号码位置数时,没有运动员的位置称为"轮空"位置。轮空数＝号码位置数—运动员数

轮空位置表

2	255	130	127	66	191	194	63
34	223	162	95	98	159	226	31
18	239	146	111	82	175	210	47
50	207	178	79	114	143	242	15
10	247	138	119	74	183	202	55
42	215	170	87	106	151	234	23
26	231	154	103	90	167	218	39
58	199	186	71	122	135	250	7
6	251	134	123	70	187	198	59
38	219	166	91	102	155	230	27
22	235	150	107	86	171	214	43
54	203	182	75	118	139	246	11
14	243	142	115	78	179	206	51
46	211	174	83	110	147	238	19
30	227	158	99	94	163	222	35
62	195	190	67	126	131	254	3

查表方法:先根据参加人数,选择最接近的、较大的2的乘方数作为号码位置数,号码位置数减去参加人数即为轮空数。然后,按轮空数目,依次(逐行由左向右)摘出小于比赛号码位置数的号码,即为轮空位置号码。如123人参加比赛,应用128个号码位置。有5个轮空,依次摘出小于128的5个号码——2、127、66、63、34,即为轮空位置号码。

第六节　竞赛工作的内容和程序

组织竞赛活动可根据规模大小,由相应的单位发起。规模小的比赛,一般由主办单位指定少数人负责组织,规模大的比赛需要成立筹备委员会。一般基层比赛只设竞赛组和秘书组。竞赛组负责报名、编排秩序册、聘请裁判员、准备竞赛场地等工作;秘书组负责寻求广告赞助、宣传教育、组织观众、发通知文件等工作。

一、组织一次竞赛要经过的程序

1.制定竞赛规程

竞赛规程是一次"纲领性"的文件,是竞赛的依据。一般由比赛主办单位根据组织比赛的目的、任务、时间和场地情况拟定。在比赛前,应尽早将规程发给参加单位,以便各单位有充分的时间做准备工作。

2.接受报名

报名表是组织编排工作的重要依据,其内容填写是否正确直接关系到抽签和编排工作的进度和质量。另外如报名表过迟寄到,那不仅会给抽签工作和印发秩序册造成困难,甚至可能影响比赛的如期举行。因此,催寄报名表也是接受报名的一项主要工作。

3.组织赛前练习

运动员报到后,为了适应场地,需要进行练习。大会组织者要科学地、合理地安排练习场地。这项安排要有专人负责,并将日程发给场地、交通、生活、竞赛等有关部门,以便各部门密切合作。

4.抽签

根据参加比赛的队或运动员数量,按竞赛规程的规定,科学合理地决定比赛的分组和对手。

5.编排比赛秩序

按抽签结果安排场地、时间。

6.印发秩序册

编排比赛秩序后,要尽快印发秩序册,发给各代表队和有关部门,使参赛单位及有关部门能了解比赛秩序,及时准备与安排。

7.成绩登记

比赛进行中应认真检查比赛记录,并迅速公布比赛成绩,以保证比赛顺利进行。

8.节目单和成绩公报

节目单:及时公布某一天或某一场的比赛对手。

成绩公报：及时公布当日或当节的比赛成绩，使与会者互通情报。

9.印发成绩册

汇总的成绩应包括全部比赛成绩。

10.资料归档

将有关竞赛的所有文件存档，使它成为总结工作的依据，作为以后组织竞赛的参考。

竞赛的组织编排的每项工作都是紧密相连，一环扣一环的。根据比赛规模的大小、人力配备等情况，可以抓重点工作，以保证竞赛圆满进行。

二、制定竞赛规程内容

竞赛规程是主办单位和参加单位进行各项组织工作的依据。竞赛规程在比赛前尽早地发给参加单位，以便各单位有充分时间做准备工作。随同竞赛规程应附发报名表一式两份，要求逐项填写，字迹清晰，并在截止报名日期内交寄比赛的主办单位。

竞赛规程内容包括以下内容：

1.竞赛名称。

2.目的和任务。

3.举办日期和地点。

4.竞赛项目和竞赛方法。

5.报名人数、报名资格和报名截止日期。

6.报到日期。

7.采用的竞赛规则。

8.竞赛办法。

9.录取名次和奖励。

10.竞赛用球、球台。

11.精神文明运动员，运动队、裁判员的评选。

12.其他特殊规定。

三、编排

编排工作的任务是将各个项目所要进行的比赛，在一定的时间内科学地安排在一定数量的球台上并按一定的秩序进行比赛，也就是确定全部比赛的日期、时间、台号。编排工作是一项十分重要的工作，编排方案影响到运动队、场馆、安保以及电视转播等等。也就是说，编排方案一经确定，赛区所有人员都围绕着这个方案工作。

1.编排工作的基本要求

(1)保持运动队和选手合理的比赛强度；

(2)满足和适应观众的要求；

（3）合理使用场馆；

（4）重视团体和单项决赛的安排；

（5）符合竞赛规程的规定，节约比赛经费的开支。

2.编排工作的主要内容

（1）设计编排方案；

（2）编排竞赛秩序；

（3）编制秩序表；

（4）检查编排结果；

（5）编印技术文书（秩序册、成绩册）。

知识拓展

中国第一位男子大满贯——刘国梁

刘国梁，1976年1月10日出生于河南新乡封丘县，6岁开始学打球，1989年入选国青队；1991年破格入选国家乒乓球队。中国第一位世乒赛、世界杯和奥运会男单"大满贯"得主。2002年，正式退役，2003年进入上海交通大学，随后担任中国乒乓球男队主教练。2017年4月，刘国梁连任国家乒乓球队总教练。2017年6月任中国乒乓球协会副主席。

学以致用

1.乒乓球竞赛规则中对"合法发球"有哪些规定？你在发球练习中如何执行？

2.假如你是裁判员，在比赛中发现运动员有不良行为（摔球拍等），你怎么办？

第八章　乒乓球运动观赏

第一节　乒乓球运动的观赏意义

乒乓球运动是一项观赏价值极高的体育运动项目,是一项集健身性、娱乐性、技巧性和对抗性于一体的运动项目。高水平的乒乓球比赛,既是场上队员体能、智慧、技术与战术的角逐,也是精神意志、思想和作风的较量。

1.能增加民族自豪感,增强民族凝聚力

乒乓球是我国的优势项目,所以乒乓球产生的社会意义于中华民族来说,更大于其他体育项目,乒乓球在我国被赋予的"国球"的美誉,长盛不衰,从过去到现在,我们在乒坛上的表现都受到国际社会的赞赏。

2.有利于情感宣泄,调节生活节奏,促进心理健康

使学生在紧张的学习之余利用电脑网络、电视或亲临现场欣赏体育比赛,感受赛场上激烈的气氛,尽情享受体育竞赛带来的刺激和欢乐,从中得到乐趣,这样能够宣泄情感、调节精神。

3.促进个性发展,增强终身体育意识

乒乓球欣赏能够促使大学生去学习必要的知识,如乒乓球的发展史和优秀运动员的打法风格、比赛的规则和比赛方法、主流的技术与战术,以便获得更加赏心悦目的精神享受、而其同样能使学生在不知不觉中提高自己的欣赏水平和技能水平,加深对乒乓球文化的理解,进而学会利用乒乓球进行健身,为终身开展乒乓球运动打下良好的基础。

第二节　乒乓球运动观赏的内容

体育比赛的最大魅力在于永恒的竞争,在于有规则的公平、公开、公正的竞争。从运动员的内在智慧及精神的角度观赏体育竞赛,是竞技体育最能吸引观众的重要原因。因为比赛不仅比技术,而且比战术、比智慧、比精神。

乒乓球运动欣赏主要包括技术和精神两大内容。从技术上去欣赏运动员的比赛技术、战术的运用、临场的发挥以及运动员动作,从精神上去欣赏运动员在比赛中所表现的竞争精神、自我超越精神、团结协作精神以及裁判执法水平。

第三节 观赏乒乓球比赛应注意的问题

受高等教育的大学生,不但自己要做一名新时代的高层次观众,还有责任担负起净化观众人群的责任。平时要多加强个人修养,提高观赏水平,在观看比赛时,要注意举止文明,避免流于低俗,用自己有修养的言行举止感染周围的人。

欣赏乒乓球比赛,也是一种参与娱乐的过程,但要真正体会乒乓球的乐趣,需要在欣赏乒乓球比赛的同时亲身参加乒乓球健身活动,学习一些乒乓球知识、技能和竞赛规则。

知识拓展

"大满贯"——马龙

马龙,1988 年 10 月 20 日出生于辽宁省鞍山市,2003 年进入乒乓球国家队,2004 年亚青赛男团、男单、混双冠军,世青赛男团、男单冠军,男双、混双亚军。其于 2014 年任中国乒乓男队队长,是乒坛史上第 10 位"大满贯"选手,也是首位集奥运会、世锦赛、世界杯、亚运会、亚锦赛、亚洲杯、巡回赛总决赛、全运会单打冠军于一身的超级"全满贯"选手。

第九章　大学生体质健康标准测试及锻炼方法

国民的体质与健康是社会生产力的组成要素,也是关系到一个民族的强盛与国力兴衰的大事。大学生肩负着建设祖国的重任,应当了解自身的体质健康状况,进行科学的锻炼,不断提高体质与健康水平。

《国家学生体质健康标准》(2014 年修订,以下简称《标准》)的制定与实施,就是落实《国家中长期教育改革和发展规划纲要(2010—2020 年)》,落实"健康第一"指导思想的具体措施。标准作为促进学生体质健康发展、激励学生积极进行身体锻炼的教育手段,是学生体质健康的个体评价标准,也是学生能否毕业的基本条件之一。因此,每年一次的《国家学生体质健康标准》测试,可以让学生清楚地了解自己的体质与健康状况,帮助学生监测一年来体质与健康状况是否发生变化及变化的过程,检查评定增强体质的效果,分析影响体质强弱的因素,从而采取相应的措施,促进学生积极参加体育锻炼,养成良好的锻炼习惯,切实提高学生的体质和健康水平。

第一节　《国家学生体质健康标准》测试项目与评价指标

一、体质

体质(physical constitution)即人体质量,是指人体在先天的遗传性与后天获得性的基础上所表现出来的形态结构、生理机能、心理因素、身体素质、运动能力等方面综合的、相对稳定的特征。遗传是人的体质发展变化的先天条件,对体质的强弱有重大影响,但体质的强弱还取决于后天的环境、营养、保健、运动锻炼等多种因素。体质的形成、发展和衰竭过程具有明显的个体差异和年龄特征。物质生活条件是决定体质强弱的基本条件,而运动锻炼则是增强体质、增进健康的最积极最有效的手段。

体质的范畴主要包括以下 5 个方面:

1.身体形态发育水平。即体型、姿势、营养状况、体格及身体成分等。

2.生理机能水平。即机体新陈代谢水平以及各器官系统的工作能力。

3.身体素质和运动能力发展水平。即心肺耐力、柔韧性、肌肉力量和耐力、速度、爆发力、平衡、灵敏、协调、反应等身体素质及走、跑、跳、投、攀、爬等身体活动能力。

4.心理发育(或心理发展)水平。即机体感知能力、个性、意志等。

5.适应能力。即对内、外环境条件的适应能力、应急能力和对疾病的抵抗力。

这5个方面的综合状况是否处在相对稳定的状态,决定着人们的不同体质水平。

二、《国家学生体质健康标准》的测试项目

根据2014年修订版《标准》,大学生需要进行体质健康测试的项目共七项:身高体重;肺活量;50米跑;坐位体前屈;立定跳远;引体向上(男)/1分钟仰卧起坐(女);1000米跑(男)/800米跑(女)。

三、《国家学生体质健康标准》评价指标与权重(见表9-1)

表9-1 《国家学生体质健康标准》评价指标与权重

测试对象	单项指标	权重(%)
全日制学生	体重指数(BMI)	15
	肺活量	15
	50米跑	20
	坐位体前屈	10
	立定跳远	10
	引体向上(男)/一分钟仰卧起坐(女)	10
	1000米跑(男)/800米跑(女)	20

注:体重指数(BMI)=体重(千克)/身高^2(米^2)。

第二节 《国家学生体质健康标准》测试的操作方法

在实施《标准》的过程中,掌握各项目正确的测试方法是所有测评人员、学生需要了解的内容。测试工作必然和所使用的测试仪器有一定的关系,现在测试器材多种多样,有全手工操作的,也有电子仪器。手工操作与电子仪器的操作流程不完全相同。如使用带有IC卡的测试仪器就可以减少测试人员的记录和计算工作。但无论使用何种仪器,对测试人员的基本的操作要求是一致的,对于不同的测试器材,可参考相应测试器材的说明书。

一、身高体重

1. 测试目的

测量学生的身高体重,评定学生的身体匀称度,评价学生生长发育的水平及营养状况。

2. 测试方法

测试时,受试者赤足,立正姿势站在身高体重计的底板上(上肢自然下垂,足跟并拢,足尖分开约成 60 度角)。如图 9-1,图 9-2 所示,足跟、骶骨部及两肩胛区与立柱相接触,躯干自然挺直,头部正直,耳屏上缘与眼眶下缘呈水平位,站稳后屏息不动,水平压板自动轻轻沿立柱下滑,轻压于受试者头顶。

图 9-1　测量身高体重一

图 9-2　测量身高体重二

3. 注意事项

(1) 测量计应选择平坦靠墙的地方放置,立柱的刻度尺应面向光源;

(2) 受试者在测试时保持直立姿势,足跟、骶骨、肩胛骨贴近立柱,耳屏上缘与眼眶下缘呈水平位;

(3) 受试者在测试时须站在底座踏板中央,上下踏板动作要轻,保持身体姿势稳定;

(4) 受试者在进行身高体重测试前,应避免进行剧烈体育活动和体力劳动。

二、肺活量

1. 测试目的

测试学生的肺通气功能。

2. 测试方法

房间通风良好,使用干燥的一次性口嘴(非一次性口嘴则每换一位测试对象需消毒一次)。受试者进行一两次较平日深一些的呼吸动作后,更深地吸一口气,然后屏住气向吹嘴处以中等速度和力度慢慢呼出至不能再呼为止,测试中不得中途二次吸气。液晶屏上最终显示的数字即为肺活量毫升值。每位受试者测三次,每次间隔15秒,记录三次数值,测试仪器自动选取最大值作为测试结果。

3.注意事项

(1)测试时呼气动作只能一次性完成,不得中途二次吹气;

(2)吸气时不得将口对着吹嘴,呼气时不得用手堵住吹筒出气孔;

(3)电子肺活量计的计量部位的通畅和干燥是仪器准确的关键,手持外设施,请将电池仓与液晶屏朝上,防止水汽回流;

(4)每测试100人及测试完毕后用干棉球及时清理和擦干气筒内部,严禁用水、酒精等任何液体冲洗气筒内部;

(5)定期校对仪器。

三、800 米跑(女)或 1000 米跑(男)

1.测试目的

测试学生的耐力素质的发展水平,特别是心血管呼吸系统的机能及肌肉耐力。

2.测试方法

受试者站立式起跑,手带外设腕表,听到"预备、跑"指令声后,即可开始起跑,冲过终点线,受试者躯干部到达终点线的垂直面时,测试结束。

3.注意事项

(1)测试时应注意液晶腕表报告剩余圈数,以免跑错距离。

(2)跑完后应保持站立并缓慢走动,不要立即坐下,以免发生意外。远离终点线5米以外,不得立即返回到主机附近。

(3)不得穿皮鞋、塑料凉鞋、钉鞋参加测试。

四、立定跳远

1.测试目的

测试学生的下肢爆发力及身体协调能力的发展水平。

2.测试方法

受试者两脚自然分开站立,站在起跳线后,脚尖不得踩线,听到开始测试指令,即可开始起跳,不得有垫步或连跳动作,从起跳区进入测量区后,向前走出跳毯,完成测试。每人试跳三次,记录其中成绩最好的一次。

3.注意事项

(1)起跳时,脚尖不得踩线,若听到犯规提示"滴滴"声,应在脚不离开跳毯的情况下往后挪动,直至听不到蜂鸣声即可。

(2)两脚原地同时起跳,不得有垫步或连跳动作,落地后向前或侧面离开跳毯方可进行下次测试。

(3)可以赤足,但不得穿钉鞋、皮鞋、塑胶凉鞋参与测试。

五、50米跑

1.测试目的

测试学生的速度、灵敏素质及神经系统灵活性的发展水平。

2.测试方法

受试者至少两人一组测试。站立起跑,受试者听到"跑"的口令后起跑,发令员在发出口令的同时要摆动发令旗,计时员视旗动开表计时,受试者躯干部到达终点线的垂直面停表。以秒为单位记录测试成绩,精确到小数点后一位,小数点后第二位数按非零进一原则进位,如10.11秒读成10.2秒记录。

3.注意事项

(1)受试者测试最好穿运动鞋或平底布鞋,赤足亦可,但不得穿钉鞋、皮鞋、塑料凉鞋;

(2)发现有抢跑者,要当即召回重跑;

(3)如遇风时一律顺风跑。

六、坐位体前屈

1.测试目的

测量学生在静止状态下的躯干、腰、髋等关节可能达到的活动幅度,主要反映这些部位的关节、韧带和肌肉的伸展性和弹性及学生身体柔韧素质的发展水平。

2.测试方法

如图9-3,受试者坐在仪器上两腿伸直,两脚平蹬测试纵板,两脚分开10~15厘米,上体前屈,两臂伸直向前,用两手中指尖逐渐向前推动游标,直到不能前推为止。测试计脚蹬纵板内沿平面为0点,向内为负值,向前为正值。测试两次,取最好成绩。

图9-3 坐位体前屈

3.注意事项

(1)身体前屈,两臂向前推游标时两腿不能弯曲;

(2)受试者应匀速向前推动游标,不得突然发力。

七、仰卧起坐

1.测试目的

测试学生的腹肌耐力。

2.测试方法

如图9-4,受试者仰卧于垫上,两腿稍分开,屈膝呈 90 度角左右,两手指交叉贴于脑后。另一同伴压住其踝关节,以固定下肢。如图9-5,受试者坐起时两肘触及或超过双膝为完成一次。仰卧时两肩胛必须触垫。测试人员发出"开始"口令的同时开表计时,记录 1 分钟内完成次数。1 分钟到时,受试者虽已坐起但肘关节未达到双膝者不计该次数。

图 9-4　仰卧起坐一　　　　　　　　　图 9-5　仰卧起坐二

3.注意事项

(1)如发现受试者借用肘部撑垫或臀部起落的力量起坐时,该次不计数。

(2)测试过程中,观测人员应向受试者报数。

八、引体向上

1.测试目的

测试学生的上肢肌肉力量的发展水平。

2.测试方法

如图9-6,受试者跳起双手正握杠,两手与肩同宽成直臂悬垂。如图9-7,静止后,两臂同时用力引体(身体不能有附加动作),上拉到下颌超过横杠上缘为完成一次。

图 9-6　引体向上一

图 9-7　引体向上二

3.注意事项

(1)受试者应双手正握单杠,向上引体,吸气,注意抬头挺胸,上体尽量后仰,两肘外展,肩部放松,背部肌肉收紧,将身体向上拉引,下颌超越横杠;

(2)引体向上时,身体不得做大的摆动,也不得借助其他附加动作撑起;

(3)两次引体向上的间隔时间超过 10 秒停止测试。

第三节　《国家学生体质健康标准》主要测试项目锻炼手段与方法

一、50 米跑

(一)技术要领(见图 9-8)

1.起跑:50 米一般采用站立式起跑,双脚一前一后站立,双腿屈膝,后腿大约曲 120 度,两臂一前一后自然曲臂准备,弯腰重心前倾,两眼看前下方 5～6 米处,注意力集中到耳部听发令。

图 9-8　50 米跑

2.加速跑:起跑后保持重心前倾加速,尽量晚抬头晚抬体,避免因抬头而引起抬体过快、过早增大阻力。

3.途中跑:途中跑任务是继续发挥和保持高速跑,在途中跑过程中,要求大腿迅速前摆,步幅大,两臂协调配合,加大摆动腿前摆幅度和速度,两腿快速交换步频,上下肢协调配合,才能取得良好效果。

4.冲刺跑:要求尽量保持步频、步幅,身体前倾,冲刺。

(二)锻炼手段

1.技术练习:高抬腿、后蹬跑、起跑练习、摆臂练习、摆腿练习、冲刺跑。

2.爆发力的提高可采用超等长收缩和跳跃练习,例如跳深、障碍跳、跨步跳、单足跳等。

3.速度练习:行进间的冲刺跑,例如 20 米加速+20 米冲刺跑、快速高抬腿接加速跑、30～50 米加速跑。

4.力量练习:深蹲、半蹲、后抛、抓举、提踵等。

(三)锻炼方法

1.20～40 米行进间快跑练习;

2.4×(50～250)米接力跑,加速跑,追赶跑练习;

3.短距离组合跑(20+40+60+80+100)米×(2～3)组或(30+60+100+60+30)米×(2～3)组;

4.短距离变速跑 100～150 米(30 米快跑+20 米惯性跑+30 米快跑+20 米惯性跑),3 次×(2～3)组;

5.反复跑 30～60 米,(4～5)次×(2～3)组;

6.小步跑转入加速跑,50～60 米;

7.高抬腿跑转入快速跑,50～60 米;

8.后蹬跑转入快速跑,50～60 米。

二、立定跳远

1   2   3   4

图 9-9　立定跳远

（一）技术要领（图 9-9）

1. 预摆：两脚左右开立，与肩同宽，两臂前后摆动，前摆时，两腿伸直，后摆时，屈膝降低重心，上体稍前倾，手尽量往后摆。要点：上下肢动作协调配合，摆动时一伸二屈降重心，上体稍前倾。

2. 起跳腾空：两脚快速用力蹬地，同时两臂稍屈曲后往前上方摆动，向前上方跳起腾空，并充分展体。要点：蹬地快速有力，腿蹬和手摆要协调，空中展体要充分，强调离地前的前脚掌瞬间蹬地动作。

3. 落地缓冲：收腹举腿，小腿往前伸，同时双臂用力往后摆动，并屈膝落地缓冲。要点：小腿前伸的时机把握好，屈腿前伸臂后摆，落地后往前不往后。

（二）锻炼手段

1. 力量练习

肩部肌群：俯卧撑、仰卧飞鸟、俯卧飞鸟、侧平举、颈后上举。

腹部肌群：仰卧起坐、仰卧举腿。

背部肌群：俯卧背屈、跳箱俯卧举腿、体前屈背起。

臀肌：深蹲、单腿跪举腿。

股四头肌：半蹲、浅蹲、弓步跳、跳箱跳。

小腿三头肌：提踵（单脚和双脚）、原地纵跳。

2. 综合练习

（1）多级蛙跳：屈膝半蹲，上体稍前倾，双脚同时用力蹬地，充分伸直髋、膝、踝三关节，两臂同时迅速上摆。身体向前跃出，双腿屈膝落地缓冲后再接着向前跳；

（2）深蹲跳：全蹲下去，双脚同时用力向上跳起，连续做；

（3）单脚跳：用左脚连续向上或向前跳一定的次数，再换右脚做连续跳；

（4）多级跨步跳：连续以最少的步数，跨出最远的距离；

（5）跳台阶：原地双脚起跳，跃上台阶或其他物体，然后再跳下，反复进行。

（三）锻炼方法

1. 挺身跳：原地屈膝开始跳，空中做直腿挺身动作，髋关节完全打开，做出背弓动作，落地时屈膝缓冲。

2. 单足跳前进练习：一般采用左（右）去右（左）回的方法进行练习，距离控制在 25～30 米，完成 3～4 组。

3. 收腹跳练习：从原地直立开始起跳，空中做屈腿抱膝动作或双手在腿前击掌，落地时一定要屈膝缓冲。越过一定高度兼远度或一定远度兼高度。

（四）错误动作纠正

1. 预摆不协调。

解决办法：反复做前摆直腿后摆屈膝的动作，由慢到快。

2.上体前倾过多,膝关节不屈,重心降不下去,形成鞠躬动作。

解决办法:做屈膝动作,眼睛往下看,垂直视线不超过脚尖,熟练后就可不用眼睛看了。

3.腾空过高或过低。

解决办法:利用一定高度或一定远度的标志线来纠正这类错误,效果很好。

4.收腿过慢或不充分。

解决办法:反复做收腹跳的练习,注意要大腿往胸部靠而不是小腿往臀部靠,动作要及时。

5.落地不稳,双腿落地区域有较大的差异。

解决办法:多做近距离的起跳落地动作,手臂的摆动要协调配合。地面设置标志物,双脚主动有意识地踩踏标志物。

三、坐位体前屈

(一)技术要领

1.测试前,受试者应在平地上做好准备活动,以防拉伤。

2.受试者坐在测试板上,两腿伸直,不可弯曲,脚跟并拢,脚尖分开10～15厘米,踩在测量计垂直平板上,两手并拢。

3.两臂和手伸直,渐渐使上体前屈,用两手中指尖轻轻推动标尺上的游标前滑(不得有突然前伸动作),直到不能继续前伸时为止。

(二)锻炼手段

1.静态拉伸:需要拉伸的肌肉被缓慢地拉长并保持在一个舒服的范围10～30秒,这里舒服的范围指肌肉被拉长但没有感觉到疼痛的那个位置,也就是说要做到无痛拉伸。当拉伸保持一段时间后,肌肉被拉伸的感觉减少,就可以轻柔地移向更向前的位置并保持住。提高柔韧性最佳的静态拉伸时间是30秒。

2.被动拉伸:如图9-10,指拉伸者在外力的帮助下完成的拉伸,可以是弹性拉伸,也可以是静态拉伸。被动拉伸时,拉伸者要尽量放松,由外力移动被拉伸的肢体,以获得新的关节活动度。

图9-10 被动拉伸

（三）锻炼方法

1.可以采用各种拉伸将坐位体前屈分解为以下部分进行拉伸:大腿后部肌群——直膝压腿、屈膝(略屈)压腿;脊柱上部周围肌群——手握单杆静力下垂、手握肋木侧向拉伸;脊柱中下部——采用坐姿两腿屈膝分开前压;臀肌——屈膝(全屈)压腿;小腿后部肌群——弓步前压、扶墙单腿前压。

2.坐位体前屈拉伸采用静态拉伸比较好,时间 10～30 秒。

（四）注意事项

热身活动使肌肉温度升高,拉伸会更有效,所以在测试前进行准备活动 10～15 分钟,然后进行 2～3 次静态拉伸,每次时间 10～30 秒。

四、1 分钟仰卧起坐

（一）技术要领

身体平躺仰卧于垫上,双侧肩胛骨着垫平躺,两腿屈膝,腹部与大腿呈 90 度,大腿与小腿呈 90 度,两手指交叉贴于脑后,臀部不能离垫面,由同伴压住脚面。用收腹屈背,双臂屈肘前摆内收,低头、含胸的力量起坐,动作协调一致,双肘触及两膝,然后后仰还原成预备姿势。

（二）锻炼手段

1.腹部:仰卧卷腹、静力卷腹。

2.屈髋肌肉:仰卧举腿、肋木举腿(直腿或屈腿)、站立屈腿举。

3.仰卧起坐最大力量练习:负重仰卧起坐、静力两头起。

4.仰卧起坐耐力:相对慢速多重复次数、多组相对快速的计时或计次并控制组间休息时间。

（三）锻炼方法

1.通过分别锻炼腹部和髋部提高躯干屈肌和屈髋肌力量,每组 10～30 次,2～4 组。

2.负重仰卧起坐,以 70%～90% 的强度,每组 6～8 次,3～5 组。

3.通过相对慢速仰卧起坐来锻炼肌肉有氧能力,每组 10～30 次,2～4 组。

4.控制组间间歇的快速仰卧起坐,可采用计时与计次两种方式。每组计时 10～30 秒,2～4 组,间歇 2～4 分钟。每组计次 10～30 次,2～4 组,间歇 2～4 分钟。

（四）注意事项

虽然仰卧起坐是比较安全的测试方法,但在测试时还有两点需要注意:

1.在抬起上体的过程中尽量避免颈部过分紧张,要有意识地用腹部肌肉群完成动作;

2.避免头部在完成动作过程中摆动幅度过大。

五、引体向上

(一)技术要领

双手正握单杠,握距要宽,两脚离地,两臂身体自然下垂伸直。向上引体,吸气,注意抬头挺胸,上体尽量后仰,两肘外展,肩部放松,背部肌肉收紧,将身体向上拉引,下颌超越横杠。然后逐渐放松背阔肌,让身体徐徐下降,直到恢复完全下垂,重复。

(二)锻炼手段

1.屈肘肌群:直立哑铃弯举、单手哑铃弯举等。

2.上臂屈肌:俯卧飞鸟、使用橡皮带的直臂下拉等。

3.模拟引体向上练习:可采用有帮助情况下的引体向上、低杠引体向上、以橡皮带为阻力的下拉(就是双脚不离地,以引体向上动作下拉)等。

(三)锻炼方法

1.对单个关节有针对性地进行力量练习。

(1)增加最大力量。练习方法有增大肌肉生理横断面和改善肌肉协调能力两种,前者采用最大负重的60%～85%的强度,重复4～8次,做5～8组;后者采用最大负重的85%以上的强度,重复1～3次,做5～8组。

(2)增加肌肉耐力。练习方法有大强度间歇循环和低强度间歇循环两种,前者采用最大负重的50%～80%的强度,重复10～30次、休息间歇时间为练习时间的2～3倍,后者采用最大负重的30%～50%,重复30次以上。

2.模拟引体向上练习。动作接近专项动作,可以同时锻炼肩、肘两个关节肌肉力量与协调性,应在单个关节力量练习后做。

3.完整引体向上可采用分组练习方法来增加练习总次数,例如可以将最大完成次数除二作为每组完成次数,做3～4组。

六、1000米跑(男)/800米跑(女)(见图9-11)

(一)技术要领

800/1000米跑的姿态应该是全脚掌着地,步伐轻盈,摆臂有力(幅度不用太大)。呼吸要均匀,要有节奏,不能忽快忽慢,呼吸节奏是每3步一呼,3步一吸,在保持速度的时候感觉呼吸困难,就需要调整为2步一呼,2步一吸,保持呼吸均匀和深度一致,这样跑起来才会感到轻快。跑步的过程中要注意抬头收腹,身体在保持较低重心的情况下上下起伏,双手自然配合脚步运动,减少身体左右晃动,减少不必要的能量浪费;通过保持步频,提高步长,来达到提高成绩的目的。

图 9-11 1000 米跑（男）/800 米跑（女）

（二）锻炼手段

1.有氧运动能力

（1）持续跑：慢速持续跑，节奏轻松，时间 30 分钟；快速持续跑，以 10 千米/小时速度，时间为 10～45 分钟；

（2）长距离低强度重复训练，以 3～10 千米/小时速度短距离重复跑，次间休息时间等于完成时间，例如以 3～10 千米/小时速度跑 200 米×10（次）×2 组，组间休息 5 分钟。

（3）间歇训练法，重复训练法，法特莱克训练法——在持续跑中加入短时间的快速冲刺，时间为 10～45 分钟。

2.无氧运动能力的锻炼方法

短距离高强度重复训练，80～600 米，强度 80%～100%，间歇 30 秒～10 分钟，3～4 组。

（三）锻炼方法

1.匀速跑 800～1500 米，整个过程都以均匀的速度跑；

2.中速跑 500～1000 米，要跑得轻松自然，动作协调，放开步子跑；

3.重复跑：反复跑几个段落（如 200 米、400 米或 800 米等），中间休息时间较长，跑的距离、重复次数、快慢强度都可根据自己的情况而定；

4.加速跑 40～60 米：反复跑，中间有较短时间的间歇；

5.变速跑 1500～2500 米：要求快跑与慢跑结合，如采用 100 米慢跑、100 米快跑或 100 米慢跑、200 米快跑等方式交替进行；

6.越野跑：利用自然地形条件练习，如在公路、田野或山坡（上下坡跑）上练习；

7.跑台阶、跑楼梯练习。

(四)注意事项

1.不宜空腹进行长跑。热身时间不少于 15 分钟,直至内脏器官及心理处于良好的适应状态。在空腹状态下进行长跑容易引起低血糖,出现心悸、乏力、出汗、饥饿感、面色苍白、震颤、恶心呕吐等,较严重的可能导致昏迷甚至死亡。

2.正确呼吸。一般情况下,可两步或三步一呼,两步或三步一吸,注意节奏不能起伏过大。吸气方式上,应尽量采用鼻呼吸和口鼻混合呼吸。冬季长跑时,可用舌头抵住上颚,以避免冷空气直接大量吸入而造成对气管、支气管的刺激。

3.不宜在长跑过程中穿得太厚、太臃肿,妨碍身体的运动,加重身体的负担。宜穿比较宽松吸汗、适合运动的棉质服装。运动完后要及时加衣服或更换干爽衣服,以免感冒。

4.在进行 1000 米/800 米测试前如有身体不适,或在测试中有其他异常现象必须与测试老师沟通。

5.1000 米/800 米结束后应继续走动,不要立刻停下,以免发生意外。

第四节 《国家学生体质健康标准》测试成绩的评分标准

学生体测总分为标准分与附加分之和,满分为 120 分。标准分由各单项指标得分与权重乘积之和组成,满分为 100 分。附加分根据实测成绩确定,即对成绩超过 100 分的加分指标进行加分,满分为 20 分。大学生的加分指标为男生引体向上和 1000 米跑,女生 1 分钟仰卧起坐和 800 米跑,各指标加分幅度均为 10 分。

《标准》根据学生学年总分评定等级(见表 9-2):90.0 分及以上为优秀,80.0~89.9 分为良好,60.0~79.9 分为及格,59.9 分及以下为不及格。

表 9-2 《标准》总分与评定等级对应

得分	等级
90.0 分及以上	优秀
80.0~89.9 分	良好
60.0~79.9 分	及格
59.9 分及以下	不及格

学生体质健康标准成绩每学年评定一次,按评定等级记入国家学生体质健康标准登记卡。学生毕业时的成绩和等级,按毕业当年学年总分的 50% 与其他学年总分平均得分

的50%之和进行评定。《标准》测试的成绩达不到50分者按结业或肄业处理。

因病或残疾免予执行本《标准》的学生,填写《免予执行〈国家学生体质健康标准〉申请表》,存入学生档案。确实丧失运动能力,被免予执行《标准》的残疾学生,仍可参加评优与评奖,毕业时《标准》成绩注明免测。

《标准》实施办法规定:学生《标准》测试成绩评定达到良好及以上者,方可参加评优与评奖;成绩达到优秀者,方可获体育奖学分。《标准》成绩不合格者,在本学年准予补测一次,补测仍不合格者,则学年《标准》成绩为不及格。

一、体重指数(BMI)单项评分表(见表 9-3)

表 9-3　体重指数(BMI)单项评分

等级	单项得分	大学男生(千克/米²)	大学女生(千克/米²)
正常	100	17.9～23.9	17.2～23.9
低体重	80	≤17.8	≤17.1
超重	80	24.0～27.9	24.0～27.9
肥胖	60	≥28.0	≥28.0

二、测试项目各单项评分表(见表 9-4 和表 9-5)

表 9-4　大学男生各单项评分

等级	单项得分	肺活量		立定跳远		坐位体前屈		引体向上		50米跑		1000米跑	
		大一大二	大三大四	大一大二	大三大四	大一大二	大三大四	大一大二	大三大四	大一大二	大三大四	大一大二	大三大四
优秀	100	5040	5140	273	275	24.9	25.1	19	20	6.7	6.6	3′17″	3′15″
	95	4920	5020	268	270	23.1	23.3	18	19	6.8	6.7	3′22″	3′20″
	90	4800	4900	263	265	21.3	21.5	17	18	6.9	6.8	3′27″	3′25″
良好	85	4550	4650	256	258	19.5	19.9	16	17	7.0	6.9	3′34″	3′32″
	80	4300	4400	248	250	17.7	18.2	15	16	7.1	7.0	3′42″	3′40″

续表

等级	单项得分	肺活量		立定跳远		坐位体前屈		引体向上		50 米跑		1000 米跑	
		大一大二	大三大四	大一大二	大三大四	大一大二	大三大四	大一大二	大三大四	大一大二	大三大四	大一大二	大三大四
及格	78	4180	4280	244	246	16.3	16.8			7.3	7.2	3'47"	3'45"
	76	4060	4160	240	242	14.9	15.4	14	15	7.5	7.4	3'52"	3'50"
	74	3940	4040	236	238	13.5	14.0			7.7	7.6	3'57"	3'55"
	72	3820	3920	232	234	12.1	12.6	13	14	7.9	7.8	4'02"	4'00"
	70	3700	3800	228	230	10.7	11.2			8.1	8.0	4'07"	4'05"
	68	3580	3680	224	226	9.3	9.8	12	13	8.3	8.2	4'12"	4'10"
	66	3460	3560	220	222	7.9	8.4			8.5	8.4	4'17"	4'15"
	64	3340	3440	216	218	6.5	7.0	11	12	8.7	8.6	4'22"	4'20"
	62	3220	3320	212	214	5.1	5.6			8.9	8.8	4'27"	4'25"
	60	3100	3200	208	210	3.7	4.2	10	11	9.1	9.0	4'32"	4'30"
不及格	50	2940	3030	203	205	2.7	3.2	9	10	9.3	9.2	4'52"	4'50"
	40	2780	2860	198	200	1.7	2.2	8	9	9.5	9.4	5'12"	5'10"
	30	2620	2690	193	195	0.7	1.2	7	8	9.7	9.6	5'32"	5'30"
	20	2460	2520	188	190	−0.3	0.2	6	7	9.9	9.8	5'52"	5'50"
	10	2300	2350	183	185	−1.3	−0.8	5	6	10.1	10.0	6'12"	6'10"

表 9-5　大学女生各单项评分表

等级	单项得分	肺活量		立定跳远		坐位体前屈		仰卧起坐		50 米跑		800 米跑	
		大一大二	大三大四	大一大二	大三大四	大一大二	大三大四	大一大二	大三大四	大一大二	大三大四	大一大二	大三大四
优秀	100	3400	3450	207	208	25.8	26.3	56	57	7.5	7.4	3'18"	3'16"
	95	3350	3400	201	202	24.0	24.4	54	55	7.6	7.5	3'24"	3'22"
	90	3300	3350	195	196	22.2	22.4	52	53	7.7	7.6	3'30"	3'28"
良好	85	3150	3200	188	189	20.6	21.0	49	50	8.0	7.9	3'37"	3'35"
	80	3000	3050	181	182	19.0	19.5	46	47	8.3	8.2	3'44"	3'42"

续表

等级	单项得分	肺活量		立定跳远		坐位体前屈		仰卧起坐		50米跑		800米跑	
		大一大二	大三大四	大一大二	大三大四	大一大二	大三大四	大一大二	大三大四	大一大二	大三大四	大一大二	大三大四
及格	78	2900	2950	178	179	17.7	18.2	44	45	8.5	8.4	3′49″	3′47″
	76	2800	2850	175	176	16.4	16.9	42	43	8.7	8.6	3′54″	3′52″
	74	2700	2750	172	173	15.1	15.6	40	41	8.9	8.8	3′59″	3′57″
	72	2600	2650	169	170	13.8	14.3	38	39	9.1	9.0	4′04″	4′02″
	70	2500	2550	166	167	12.5	13.0	36	37	9.3	9.2	4′09″	4′07″
	68	2400	2450	163	164	11.2	11.7	34	35	9.5	9.4	4′14″	4′12″
	66	2300	2350	160	161	9.9	10.4	32	33	9.7	9.6	4′19″	4′17″
	64	2200	2250	157	158	8.6	9.1	30	31	9.9	9.8	4′24″	4′22″
	62	2100	2150	154	155	7.3	7.8	28	29	10.1	10.0	4′29″	4′27″
	60	2000	2050	151	152	6.0	6.5	26	27	10.3	10.2	4′34″	4′32″
不及格	50	1960	2010	146	147	5.2	5.7	24	25	10.5	10.4	4′44″	4′42″
	40	1920	1970	141	142	4.4	4.9	22	23	10.7	10.6	4′54″	4′52″
	30	1880	1930	136	137	3.6	4.1	20	21	10.9	10.8	5′04″	5′02″
	20	1840	1890	131	132	2.8	3.3	18	19	11.1	11.0	5′14″	5′12″
	10	1800	1850	126	127	2.0	2.5	16	17	11.3	11.2	5′24″	5′22″

三、加分指标评分表(见表9-6)

表9-6　加分指标评分

加分	引体向上(男)	仰卧起坐(女)	1000米跑(男)	800米跑(女)
10	10个	13个	−35″	−50″
9	9个	12个	−32″	−45″
8	8个	11个	−29″	−40″
7	7个	10个	−26″	−35″
6	6个	9个	−23″	−30″

加分	引体向上（男）	仰卧起坐（女）	1000 米跑（男）	800 米跑（女）
5	5 个	8 个	−20″	−25″
4	4 个	7 个	−16″	−20″
3	3 个	6 个	−12″	−15″
2	2 个	4 个	−8″	−10″
1	1 个	2 个	−4″	−5″

注:1.引体向上、一分钟仰卧起坐均为高优指标,学生成绩超过单项评分 100 分的次数后,以超过的次数所对应的分数进行加分。

2.1000 米跑、800 米跑均为低优指标,学生成绩低于单项评分 100 分的秒数后,以减少的秒数所对应的分数进行加分。

参考文献

[1] 姜涛.乒乓球教育.长春:吉林大学出版社,1970.

[2] 唐建军.乒乓球运动教程.北京:北京体育大学出版社,2005.

[3] 张良西.发球与接发球.北京:人民体育出版社,2003.

[4] 徐寅生.我与乒乓球.北京:中国社会科学出版社,1995.

[5] 苏丕仁.现代乒乓球运动教学与训练.北京:人民体育出版社,2003.

[6] 张瑛秋.现代乒乓球训练方法.北京:北京体育大学出版社,2008.

[7] 虞荣安.新编乒乓球教程.郑州:西北工业大学出版社,2011.

[8] 金福春.体育与健康.北京:高等教育出版社,2001.

[9] 俞蕙琳.乒乓球.北京:高等教育出版社,2004.

[10] 张瑞林.乒乓球运动.北京:高等教育出版社,2010.

[11] 吴健.体育锻炼与欣赏——乒乓球.郑州:郑州大学出版社,2006.

[12] 孙麒麟,赵卫真.新世纪体育——乒乓球.北京:高等教育出版社,2007.

附　录

乒乓球专业术语英汉对照表

	英文	中文		英文	中文
1	First	第一	19	Serve	发球
2	Second	第二	20	Receive	接发球
3	Third	第三	21	Ends	方位
4	Fourth	第四	22	Practice	练习
5	Fifth	第五	23	Begin playing	比赛开始
6	Let	重发球	24	Ready-serve	准备——发球
7	Fault	犯规	25	Change service	换发球
8	Side	侧面	26	Change ends	交换方位
9	Net	擦网	27	Change receiver	交换接发球员
10	Stop	停	28	Point	得分
11	Time	时间到	29	Good service	合法发球
12	Toss	挑边（掷挑边器）	30	Good return	合法还击
13	What is your name?	你叫什么名字？	31	Outside	出界
14	Which is your choice?	你选择什么？	32	Volley	拦击
15	Yes,you are right.	你是对的。	33	Obstruct	阻挡
16	No,you are wrong.	你不对。	34	Double hit	连击
17	Who will receive first?	谁先接发球？	35	Double bounce	两跳
18	Who will serve first?	谁先发球？	36	Moved playing surface	台面移动

续表

	英文	中文		英文	中文
37	Free hand on table	不执拍手扶台	64	Playing hall	比赛厅
38	Touched net assembly	触及球网装置	65	Surrounds	挡板
39	Stamp foot	跺脚	66	Floor	地板
40	Wrong order	次序错了	67	Score indicator	计分器
41	Edge ball	擦边球	68	Towel	毛巾
42	Broken ball	球破裂	69	Dark-colors	暗色
43	Expedite system	轮换发球法	70	Matt	无光泽的
44	Table	球台	71	Uniform	一致,均匀
45	End line	端线	72	Height	高度
46	Side line	边线	73	Left	左
47	Centre line	中线	74	Right	右
48	Right half-court	右半区	75	Best of 3 games	三局二胜
49	Playing surface	比赛台面	76	Best of 5 games	五局三胜
50	Top edge	上边缘	77	Deciding game	决胜局
51	Net	球网	78	Match	场
52	Post	支柱	79	Strike	击球
53	Support	支架	80	Racket hand	执拍手
54	Too high(low)	太高(低)	81	Free hand	不执拍手
55	Ball	球	82	Upwards	向上
56	Select	选择	83	Near vertically	近乎垂直
57	Racket	球拍	84	Palm of the hand	手掌
58	Blade	拍身,底板	85	Stationary	静止
59	Handle	拍柄	86	Above	之上
60	Covering	覆盖物	87	Below	之下
61	Pimpled rubber	颗粒胶	88	Behind	之后
62	Sandwich rubber	海绵胶	89	Without spin	无旋转
63	Too thick	太厚	90	Over or around	越过或绕过

续表

	英文	中文		英文	中文
91	Continue	继续	109	Mixed doubles	混合双打
92	Server	发球员	110	Men's team	男子团体
93	Receiver	接发球员	111	Women's team	女子团体
94	Winner	胜者	112	Topspin	上旋球
95	Loser	败者	113	Backspin/underspin	下旋球
96	Visible	看得见的	114	Sidespin	侧旋球
97	Pair	一对（双打运动员）	115	Loop	弧圈球
			116	Push	搓球
98	Player	运动员	117	Chop	削球
99	Captain	队长	118	Lob	放高球
100	Coach	教练员	119	Edge ball	擦边球
101	Referee	裁判长	120	Block	封挡
102	Umpire	裁判员	121	Counterdrive counter smash	快攻，打回头，扣杀
103	Deputy umpire	副裁判员			
104	Report to referee	报告裁判长	122	Drop shot	短吊
105	Men's singles	男子单打	123	Junk	防弧圈胶皮
106	Women's singles	女子单打	124	Rubber	胶皮
107	Men's doubles	男子双打	125	Spin	旋转
108	Women's doubles	女子双打	126	Twiddle/twirl	倒板